СОНЯ-9

стихи

АЛЕКСЕЙ ОЛЕЙНИКОВ

рисунки

ТИМОФЕЙ ЯРЖОМБЕК

БЕЛАЯ ВОРОНА
МОСКВА
2021

ВОТ МОЯ ШКОЛА — СТЕНЫ И ОКНА,
ДВЕРИ И ПАРТЫ, КОЛЕНИ И ЛОКТИ,
БОЛЬШЕ НЕТ СТРАХА,
БОЛЬШЕ НЕТ ГРУСТИ,
ЕСЛИ НАКАТИТ, ТО СРАЗУ ОТПУСТИТ.
Я ПРОХОЖУ, ПРОХОЖУ ПО СТУПЕНЯМ,
СОНЯ-ОХОТНИК — ЛОВЕЦ ВПЕЧАТЛЕНИЙ.
НАДО СКАЗАТЬ, ЧТО К ДЕВЯТОМУ КЛАССУ
КТО-ТО ВДРУГ ВЫБИЛСЯ ИЗ БИОМАССЫ.
ВИЖУ Я ЛИЦА. СЛЫШНЫ ГОЛОСА.
СЛОВНО ИЗ ТЬМЫ ПРОЛЕГЛА ПОЛОСА —
РОБКАЯ, СВЕТЛАЯ, ТОНКАЯ НИТЬ.
СВЕТ, КАК ИЗВЕСТНО, НЕ ОСТАНОВИТЬ.

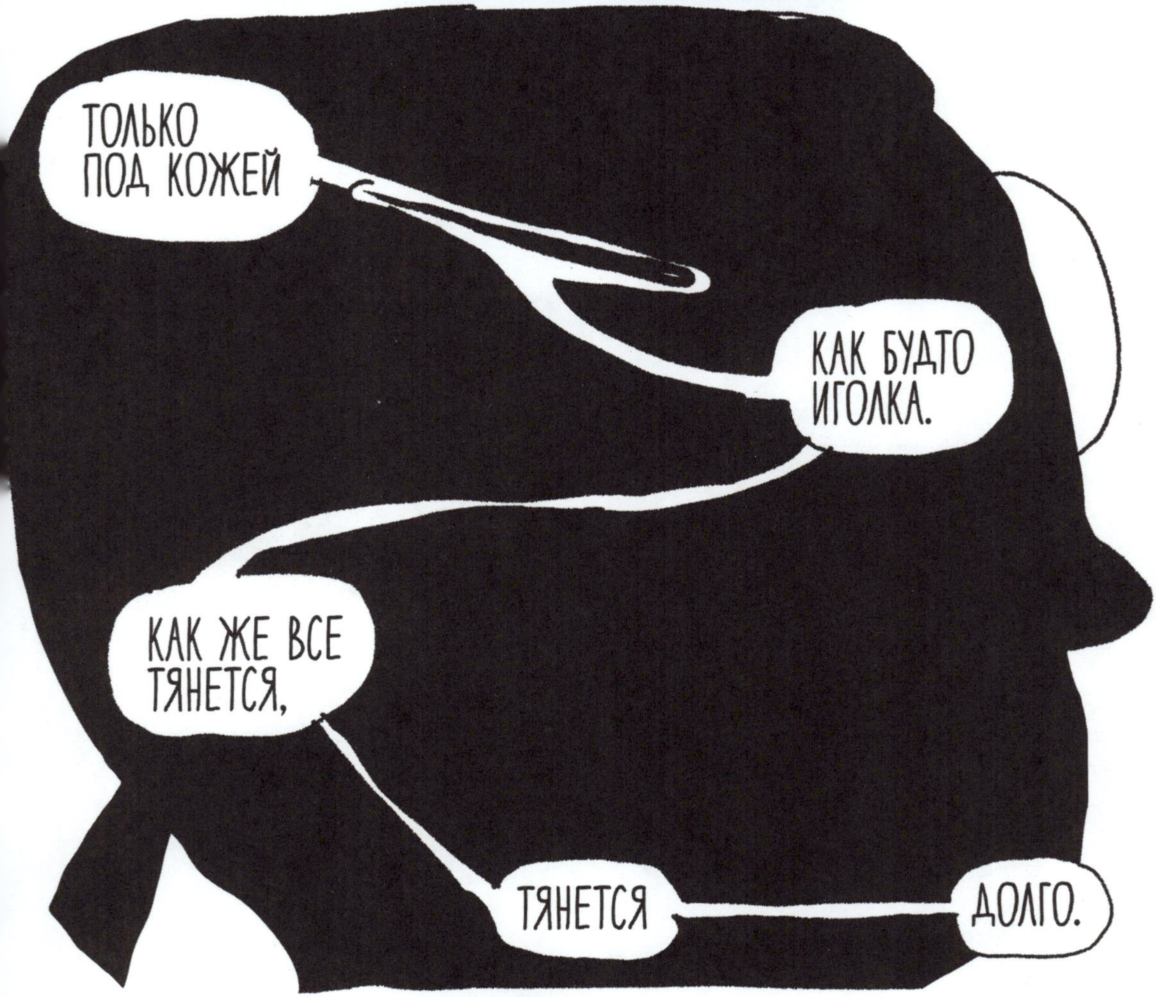

МНЕ ОСТАЕТСЯ ТОЛЬКО ПЛАНШЕТ.

МОЖЕТ БЫТЬ, ОН ДАСТ МНЕ ОТВЕТ.

ЭТО МОЙ КОМИКС.
СОНЯ ТЕПЕРЬ КОМИКС-МЕЙКЕР
Я ДЕЛЮ МИР НА БАБЛЫ, КАДРЫ И ФРЕЙМЫ.
ЭТО ОЧЕНЬ УДОБНО:
СЛОВНО ФИЛЬТР ВСТРОЕННЫЙ,
ПРИЛОЖЕНИЕ В СЕТЧАТКЕ.
ПОСМОТРИТЕ, КАК ВСЕ УСТРОЕНО.
БОГ СОЗДАЛ ВСЕЛЕННУЮ ВСЕГО ЗА СЕМЬ ДНЕЙ.
НЕБО СОЗДАЛ, И ЗЕМЛЮ, И ВСЯКИХ ЖИВОТНЫХ НА НЕЙ.
ВЫШЕЛ, СЕЛ ПОКУРИТЬ,
ГЛЯНУЛ —
ВРОДЕ БЫ НОРМ.
ПОПРОБУЮ ПОВТОРИТЬ.
ДОСТАВАЙТЕ ПОПКОРН.

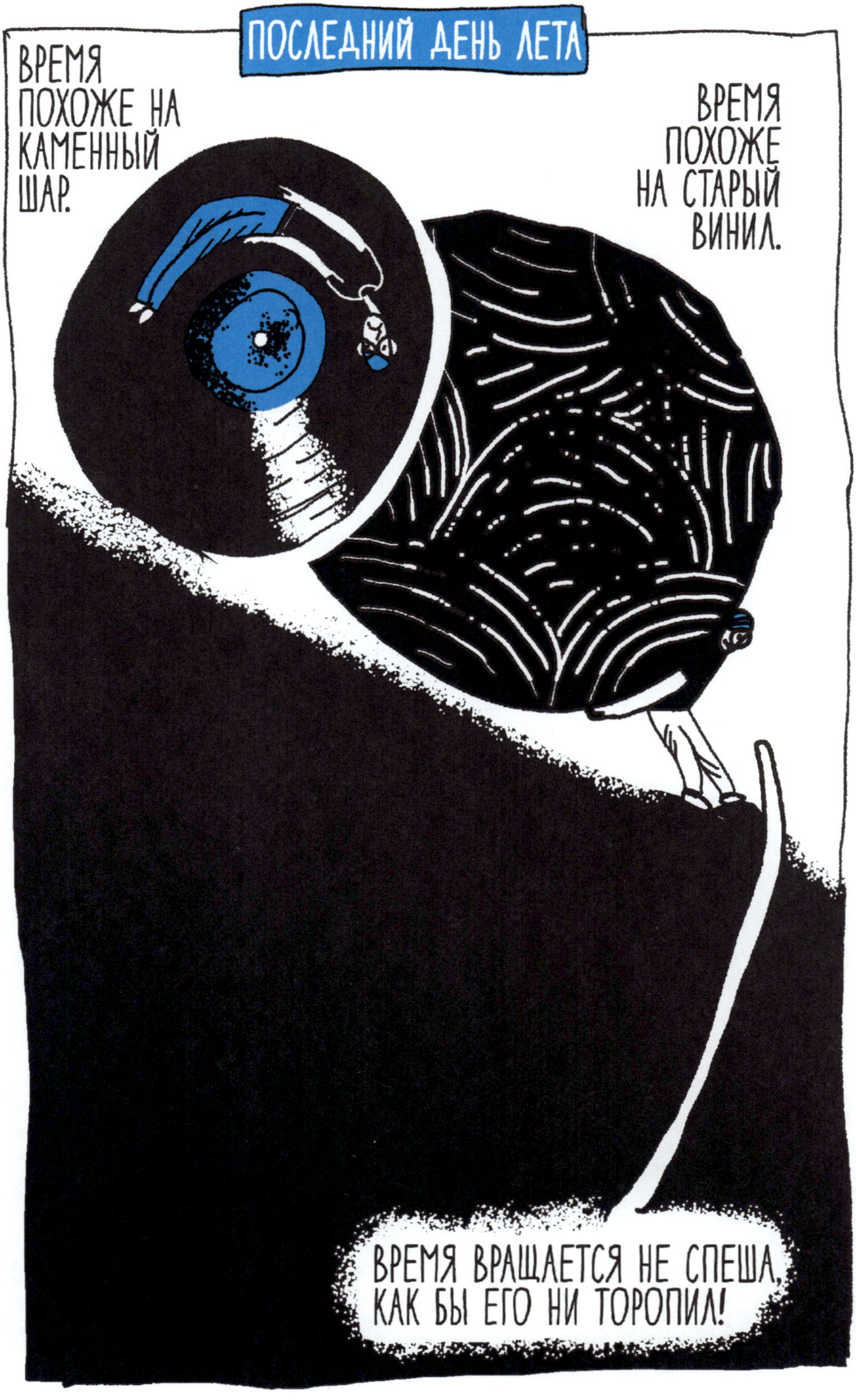
ПОСЛЕДНИЙ ДЕНЬ ЛЕТА
ВРЕМЯ ПОХОЖЕ НА КАМЕННЫЙ ШАР.
ВРЕМЯ ПОХОЖЕ НА СТАРЫЙ ВИНИЛ.
ВРЕМЯ ВРАЩАЕТСЯ НЕ СПЕША, КАК БЫ ЕГО НИ ТОРОПИЛ!

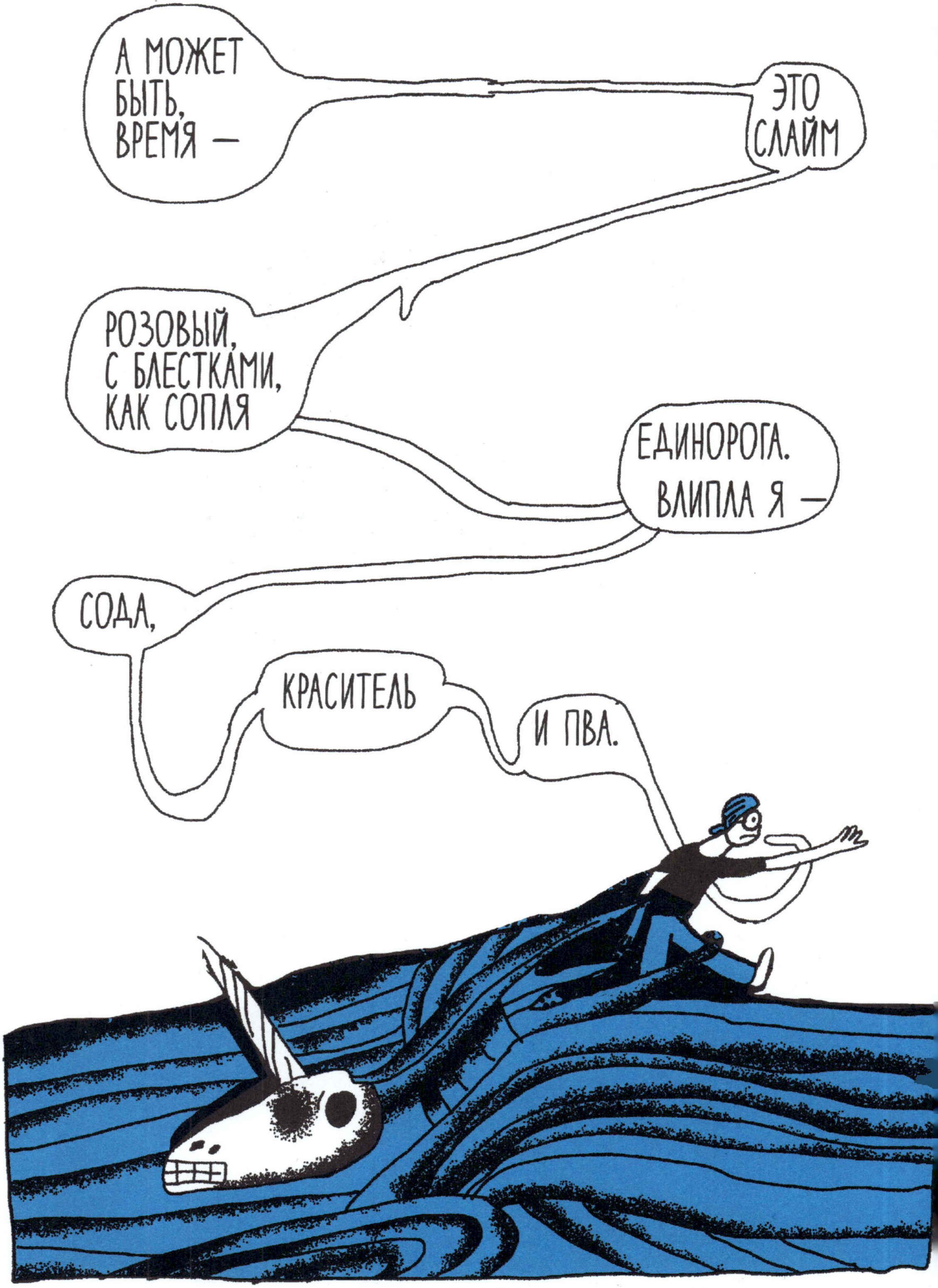
А МОЖЕТ БЫТЬ, ВРЕМЯ —
ЭТО СЛАЙМ
РОЗОВЫЙ, С БЛЕСТКАМИ, КАК СОПЛЯ
ЕДИНОРОГА. ВЛИПЛА Я —
СОДА,
КРАСИТЕЛЬ
И ПВА.

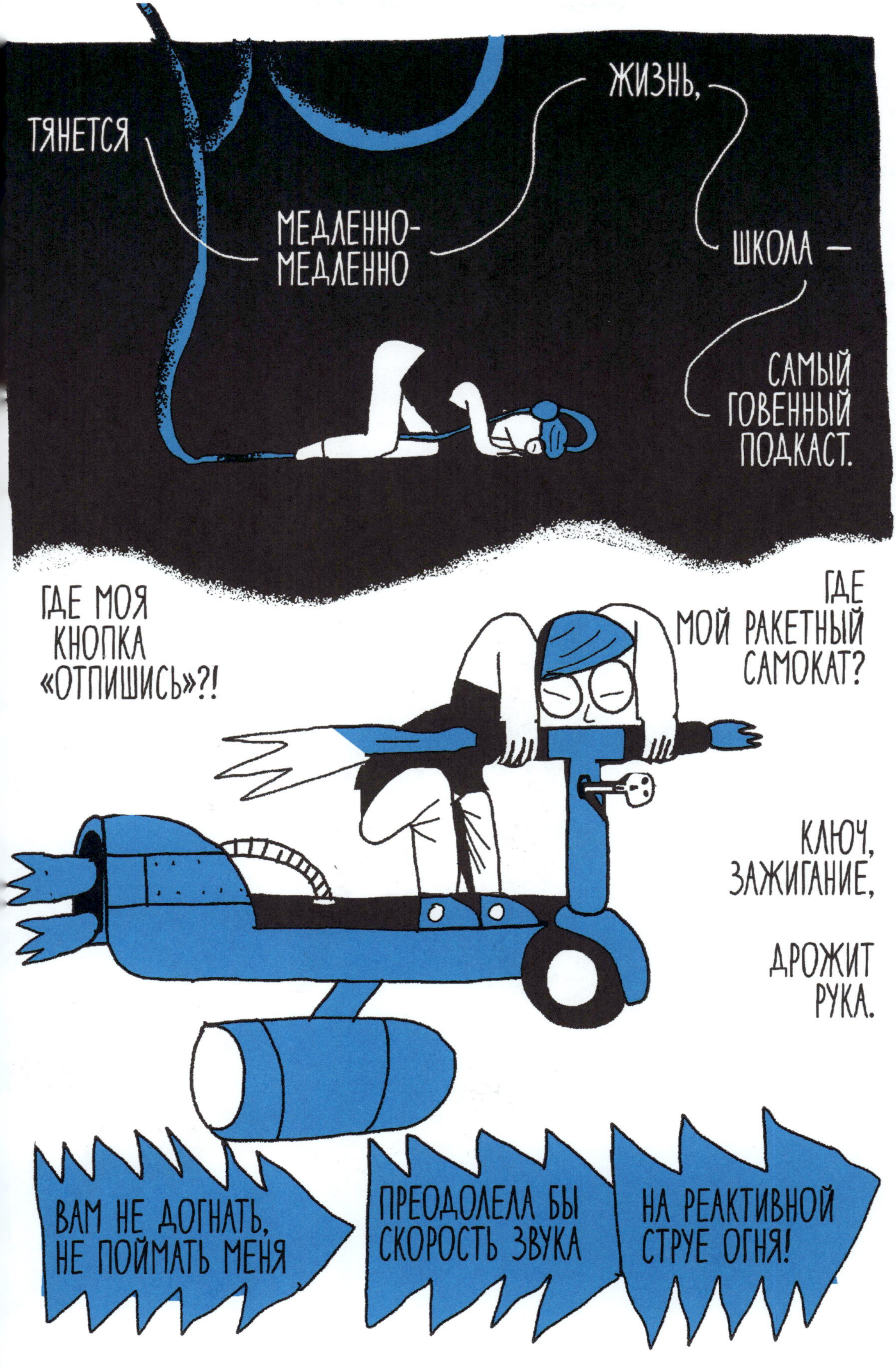
ТЯНЕТСЯ
МЕДЛЕННО-
МЕДЛЕННО
ЖИЗНЬ,
ШКОЛА —
САМЫЙ
ГОВЕННЫЙ
ПОДКАСТ.
ГДЕ МОЯ
КНОПКА
«ОТПИШИСЬ»?!
ГДЕ
МОЙ РАКЕТНЫЙ
САМОКАТ?
КЛЮЧ,
ЗАЖИГАНИЕ,
ДРОЖИТ
РУКА.
ВАМ НЕ ДОГНАТЬ,
НЕ ПОЙМАТЬ МЕНЯ
ПРЕОДОЛЕЛА БЫ
СКОРОСТЬ ЗВУКА
НА РЕАКТИВНОЙ
СТРУЕ ОГНЯ!

СОНЯ+СОНЯ= 

1 сентября

ГЛЕБ
В КЛАССЕ МЕНЯ НАЗЫВАЮТ АФРО. ВЧЕРА, СЕГОДНЯ, И КОНЕЧНО, ЗАВТРА Я БУДУ СЛЫШАТЬ ЭТУ КЛИКУХУ.
ДАТЬ БЫ КАЖДОМУ ИЗ НИХ В УХО!
Я НЕ ЛЮБЛЮ РЕГГИ, Я ЛЮБЛЮ РЭП.
Я НЕ АФРО, МЕНЯ ЗОВУТ ГЛЕБ.
МАМА, ПОЧЕМУ У МЕНЯ ТАКИЕ ВОЛОСЫ,
ОГРОМНЫЕ, КАК ПОДУШКА ДИВАНА?
ХОТЯ АФРО НЕ ТАК УЖ ПЛОХО
ПОСЛЕ, ДОПУСТИМ, ОДУВАНА.

А ЭТО МОЯ СЕСТРА СОНЯ, ОНА ВЕДЕТ СЕБЯ КАК ВОР В ЗАКОНЕ.
ЕСЛИ ВЫ ДУМАЕТЕ, ЧТО У ВАС ПРОБЛЕМЫ, ВЫ НЕ ВИДЕЛИ ЭТОЙ КОРОЛЕВЫ,
ОСОБЕННО КОГДА ОНА В ВАННОЙ С УТРА.
Я ВЫШИБ БЫ ДВЕРЬ — ДА НЕТ ТОПОРА!
ОНА ЖЕ ВИТАЕТ
В ОБЛАКАХ!
А Я ОПАЗДЫВАЮ,
И ФЕН У НЕЕ В РУКАХ!
ЭТО МОЙ МЛАДШИЙ ЛОХМАТЫЙ БРАТ. ВОЗМОЖНО, ОН БУДЕТ БОРОДАТ,
ВОЗМОЖНО, ОН БУДЕТ ИЗВЕСТНЫЙ РЭПЕР, НО ПОКА ОН ПОХОЖ НА ОГРЫЗОК РЕПЫ.
А ТЫ СЕБЯ ВИДЕЛА?

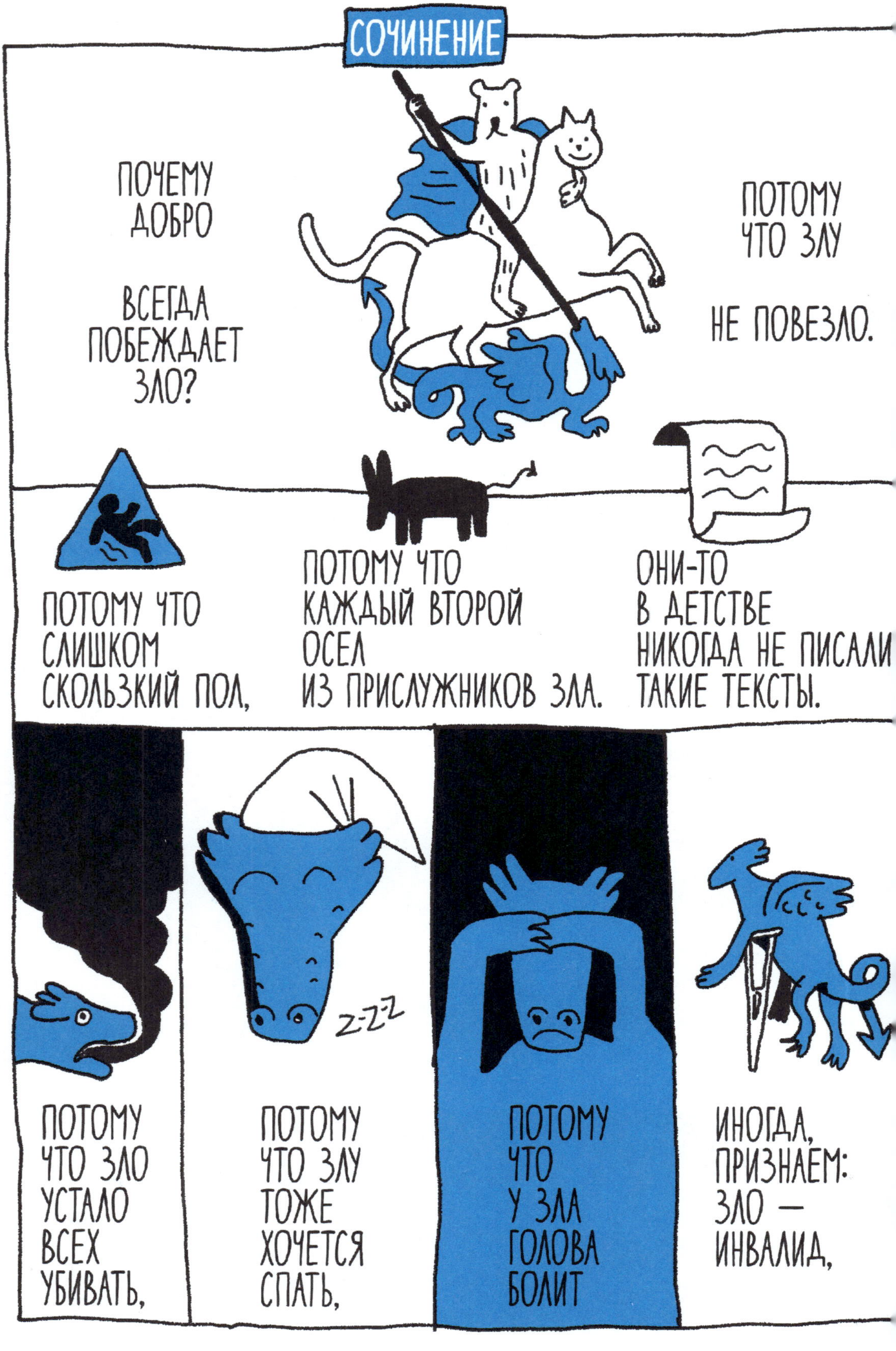
СОЧИНЕНИЕ
ПОЧЕМУ ДОБРО ВСЕГДА ПОБЕЖДАЕТ ЗЛО?
ПОТОМУ ЧТО ЗЛУ НЕ ПОВЕЗЛО.
ПОТОМУ ЧТО СЛИШКОМ СКОЛЬЗКИЙ ПОЛ,
ПОТОМУ ЧТО КАЖДЫЙ ВТОРОЙ ОСЕЛ ИЗ ПРИСЛУЖНИКОВ ЗЛА.
ОНИ-ТО В ДЕТСТВЕ НИКОГДА НЕ ПИСАЛИ ТАКИЕ ТЕКСТЫ.
ПОТОМУ ЧТО ЗЛО УСТАЛО ВСЕХ УБИВАТЬ,
Z-Z-Z
ПОТОМУ ЧТО ЗЛУ ТОЖЕ ХОЧЕТСЯ СПАТЬ,
ПОТОМУ ЧТО У ЗЛА ГОЛОВА БОЛИТ
ИНОГДА, ПРИЗНАЕМ: ЗЛО — ИНВАЛИД,

ПОТОМУ ЧТО У ЗЛА ТОЖЕ ВЫХОДНОЙ.
МАМА В ВОЛОЧКЕ, И ДЕД БОЛЬНОЙ.
ПОТОМУ ЧТО У ЗЛА ПОД ЛИНЗОЙ РЕСНИЦА,
А НОЧАМИ ЕМУ ДАВНО НЕ СПИТСЯ.
ПОТОМУ ЧТО ЗЛУ КОРМИТЬ КОТА,
А В КОТЕ СПЛОШНАЯ ДОБРОТА.
И КАК ЗЛУ, БЛИН, БЫТЬ ПРИ ТАКОМ РАСКЛАДЕ —
ГЛАДИТЬ ИЛИ ЛУЧШЕ ВСЕ ЖЕ НЕ ГЛАДИТЬ?
ПОТОМУ ЧТО У ЗЛА КОНЧИЛИСЬ СИГАРЕТЫ
И ЗАБИЛСЯ СТОЯК В ЗЛОМ ТУАЛЕТЕ,
ПОТОМУ ЧТО КТО-ТО СО ЗЛА СМЫЛ ВТУЛКУ
ПОСЛЕ НЕУДАЧНОГО ВЫЗОВА КТУЛХУ.
И ВООБЩЕ-ТО НА ВСЕХ НЕ ХВАТАЕТ ЗЛА
И С ПОХМЕЛЬЯ УЖАСНО ТРЕЩИТ ГОЛОВА;
А ВЧЕРА СДАВАЛИ ОТЧЕТ ПО ЗЛОДЕЙСТВАМ,
ЗЛУ ВЛЕПИЛИ ВЫГОВОР ЗА БЕЗДЕЙСТВИЕ,
ОТОМУ ЧТО ЗЛА ОДРАСТАЮТ ЕТИ,
ПОТОМУ ЧТО У ЗЛА ПРОХУДИЛИСЬ СЕТИ,
ПОТОМУ ЧТО ЗЛО
РЕШИЛО ЗАВЯЗАТЬ —
А ДОБРО ПРИШЛО ЕГО ПОБЕЖДАТЬ!

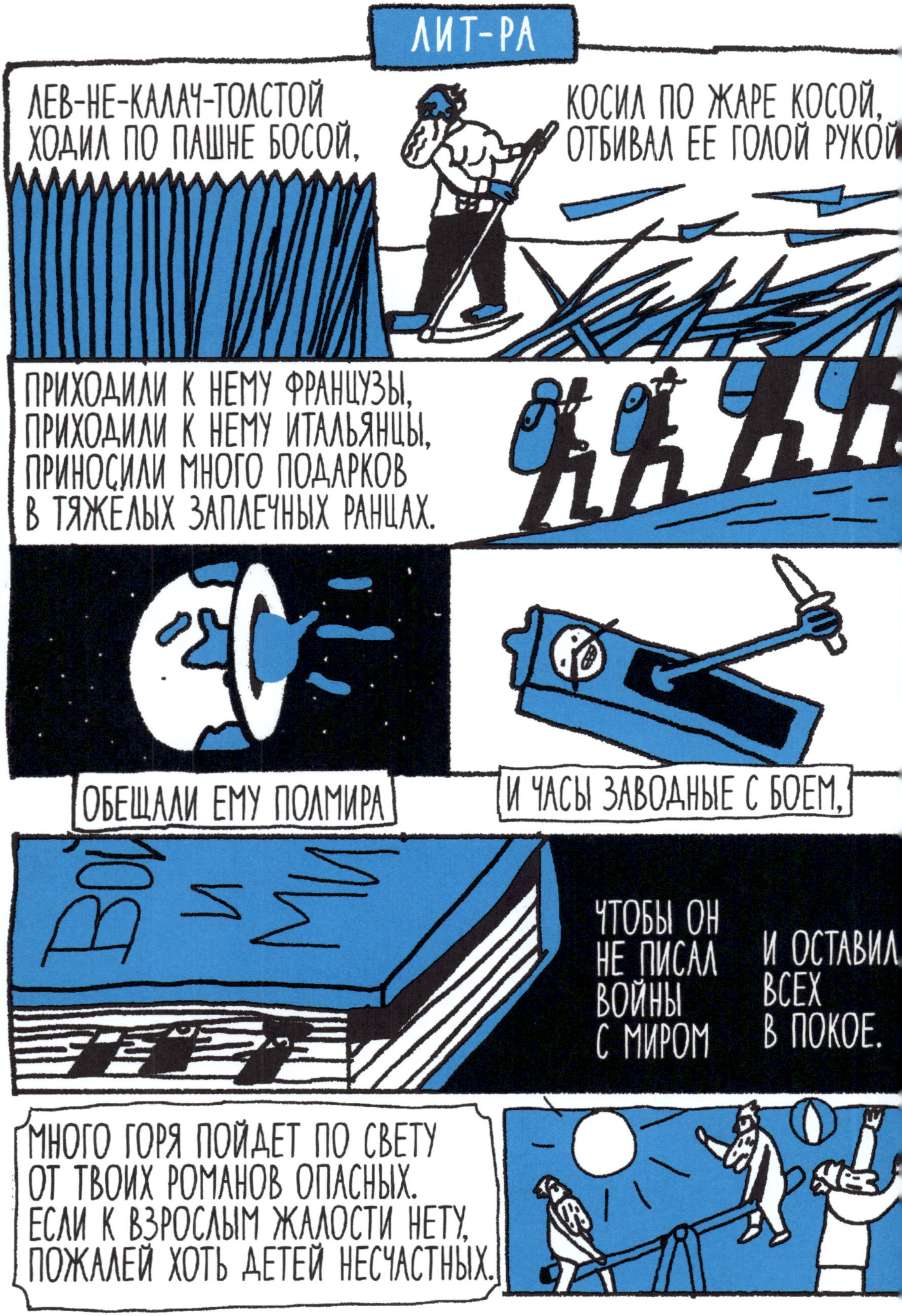
ЛИТ-РА
ЛЕВ-НЕ-КАЛАЧ-ТОЛСТОЙ ХОДИЛ ПО ПАШНЕ БОСОЙ,
КОСИЛ ПО ЖАРЕ КОСОЙ, ОТБИВАЛ ЕЕ ГОЛОЙ РУКОЙ
ПРИХОДИЛИ К НЕМУ ФРАНЦУЗЫ, ПРИХОДИЛИ К НЕМУ ИТАЛЬЯНЦЫ, ПРИНОСИЛИ МНОГО ПОДАРКОВ В ТЯЖЕЛЫХ ЗАПЛЕЧНЫХ РАНЦАХ.
ОБЕЩАЛИ ЕМУ ПОЛМИРА
И ЧАСЫ ЗАВОДНЫЕ С БОЕМ,
ЧТОБЫ ОН НЕ ПИСАЛ ВОЙНЫ С МИРОМ
И ОСТАВИЛ ВСЕХ В ПОКОЕ.
МНОГО ГОРЯ ПОЙДЕТ ПО СВЕТУ ОТ ТВОИХ РОМАНОВ ОПАСНЫХ. ЕСЛИ К ВЗРОСЛЫМ ЖАЛОСТИ НЕТУ, ПОЖАЛЕЙ ХОТЬ ДЕТЕЙ НЕСЧАСТНЫХ.

ОТВЕЧАЛ ИМ ТОЛСТОЙ СУРОВО, СВОИ БРОВИ ХМУРЯ СЕДЫЕ:
СВОЕГО ЗОЛОТОГО СЛОВА НЕ ОТДАМ ЗА ДАРЫ ЛЮБЫЕ.
ОТОЙДИТЕ ПРОЧЬ, БАСУРМАНЦЫ, А ИНАЧЕ ВСЕХ ИСКАЛЕЧУ.
НИЧЕГО НЕ ПОНЯТЬ ВАМ, ЗАСРАНЦЫ, В ЛЕДЯНОЙ ГЛУБИНЕ РУССКОЙ РЕЧИ.

СТАТГРАД
СЕГОДНЯ ПИСАЛИ СТРАДГРАД —
ТРИ ЛИСТА ЧИСТОГО ГОРЯ.
КАТИЛИСЬ СЛЕЗЫ КАК ГРАД
ДО САМОГО СИНЕГО МОРЯ.
КЛОНИЛИСЬ
ГОЛОВЫ ВНИЗ,
В ГЛАЗАХ ВЗРЫВАЛИСЬ СОСУДЫ.
ЗАЧЕМ ЭТА БОЛЬ? ПЛИЗ,
НЕ МУЧАЙТЕ НАС, НЕ БУДУ,
ОСТАВЬТЕ, ОСТАВЬТЕ МЕНЯ!

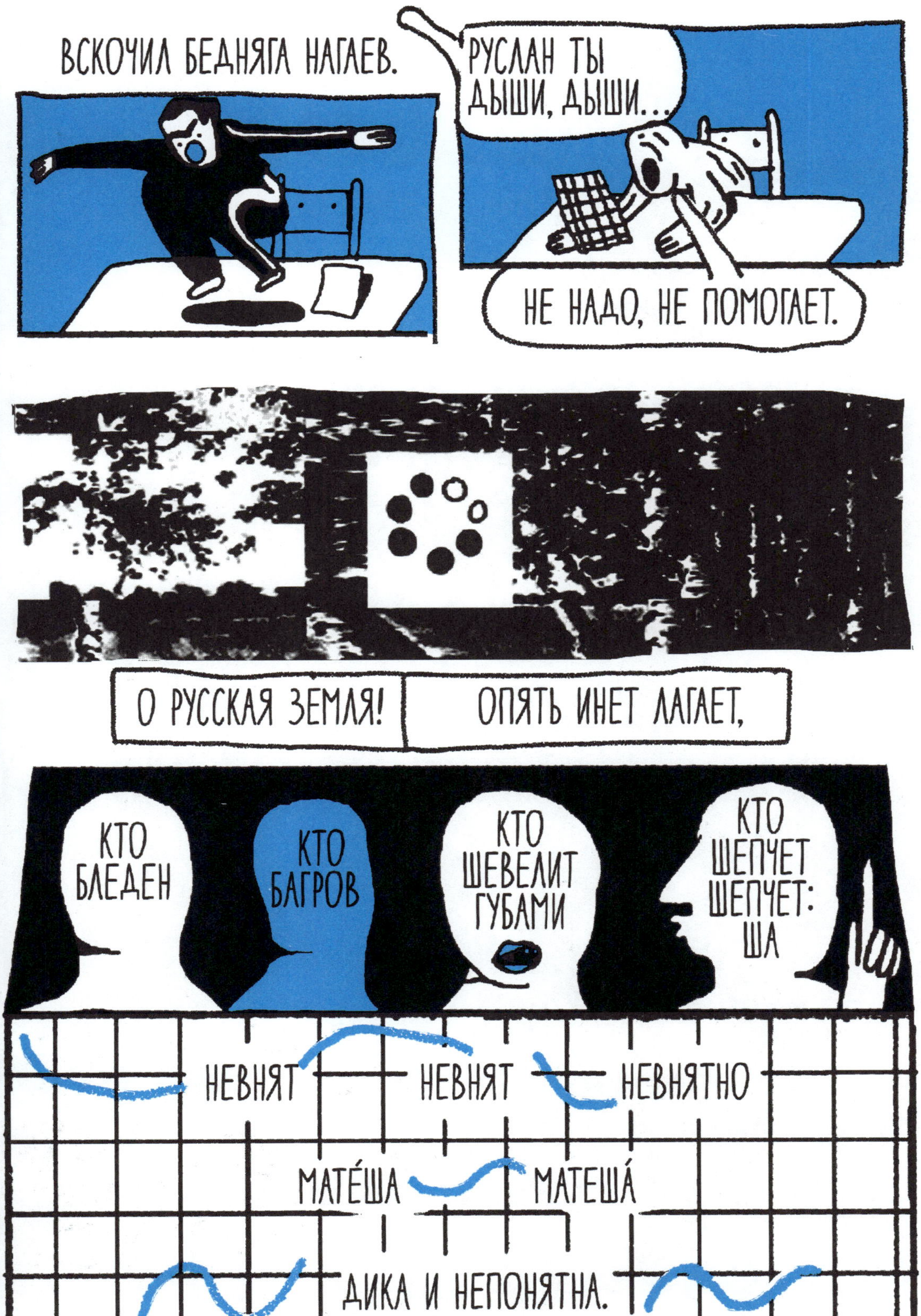
ВСКОЧИЛ БЕДНЯГА НАГАЕВ.
РУСЛАН ТЫ ДЫШИ, ДЫШИ...
НЕ НАДО, НЕ ПОМОГАЕТ.
О РУССКАЯ ЗЕМЛЯ!
ОПЯТЬ ИНЕТ ЛАГАЕТ,
КТО БЛЕДЕН
КТО БАГРОВ
КТО ШЕВЕЛИТ ГУБАМИ
КТО ШЕПЧЕТ ШЕПЧЕТ: ША
НЕВНЯТ
НЕВНЯТ
НЕВНЯТНО
МАТЕ́ША
МАТЕША́
ДИКА И НЕПОНЯТНА.

ПЕРЕМЕНА
НА ПЕРЕМЕНЕ ДВЕ СВИРИСТЕЛИ К НАМ ПРИЛЕТЕЛИ, КО МНЕ ПРИЛЕТЕЛИ.
ПОМНИШЬ, СКРИПЕЛИ, СКРИПЕЛИ КАЧЕЛИ? ПОМНЮ, КАК СТАРЫЕ ПЕТЛИ МНЕ ПЕЛИ. СОНЯ, УШЛА ТЫ С ПЛОЩАДКИ, ТАК ЖАЛКО.

ДОЖДЬ ПРОДОЛЖАЕТСЯ, СЫПЛЕТСЯ РЖАВКО. МЯГКО СМИНАЮТСЯ МОКРЫЕ ЛИСТЬЯ.
ПАХНЕТ ГРИБАМИ, ПАХНЕТ, МНЕ СНИТСЯ ТОТ, ВСЕ ТОТ ЖЕ СОН НА РЕПИТЕ. ОСТАНОВИТЕ... ОСТАНОВИТЕ...
СТРАННОЕ СЛОВО ВАГОНОВОЖАТЫЙ. ОСЕНЬ КАК ПОЕЗД ВЪЕЗЖАЕТ ВЪЕЗЖАТЫЙ
В СНЫ, В МОЮ ЖИЗНЬ, В МОЮ КРОВЬ, В МОИ ПИКЧИ. У МОИХ СНОВ ЕСТЬ ЯЗЫК, И ОН ПТИЧИЙ.
ТРЕЛЕЙ ЯЗЫК, ГОРЛОВЫХ ПЕРЕСВИСТОВ. ТУЧИ УШЛИ, И НА НЕБЕ ТАК ЧИСТО!

ХЭЛЛОУИН
ПОДРОСТКИ НЕЖНО КЛЮЮТ ГУБАМИ
ДРУГ ДРУГА,
КАК ОЧЕНЬ РЕДКИЕ ПТИЦЫ.
ЗА ПАЛЬЦЫ ДЕРЖАТСЯ,
ЖЕЛАНИЕ ЗАГАДЫВАЯ,
ЧТО С НИМИ ОБЯЗАТЕЛЬНО СЛУЧИТСЯ.
ХИМИЯ ЗАПАХА,
НЕЖНОЕ ВЕЩЕСТВО ИХ ВЗГЛЯДОВ,
ФИЗИКА ПРИКОСНОВЕНИЙ.

ТАНЕЦ ЕЕ НОГТЕВЫХ ПЛАСТИН С ТЕМНЫМ ЛАКОМ,
ПОХОЖИХ НА МЕРЦАЮЩИЕ ТЕНИ
ИЛИ НОЧНЫХ ЖУКОВ НАДКРЫЛЬЯ
В СВЕТЕ ЛАМП МЕТРОВАГОНА.
СВЯТОЙ ФРЕДДИ МЕРКЬЮРИ НА ФУТБОЛКЕ
ЗАПЕЧАТАН В ВЕЧНОСТИ,
ЗАПЕЧАТЛЕН В ХЛОПКЕ.

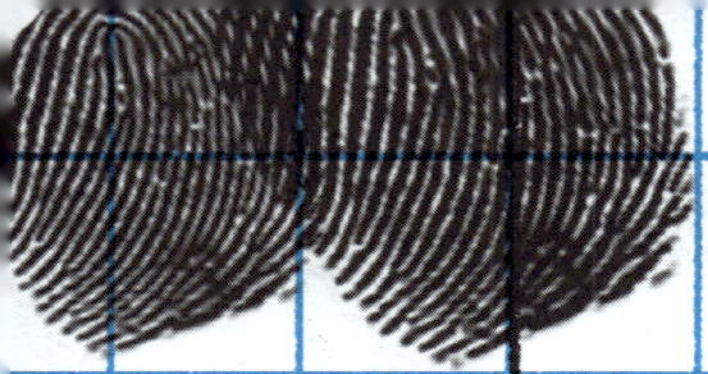

II четверть

ОБЩАГА

МЫ НА УРОКЕ ОБЩЕСТВОЗНАНИЯ. (КАДР — ВЕТЕР КОЛЫШЕТ ШТОРЫ.)
У ДОСКИ УЧИТЕЛЬ. НА ЭКРАНЕ ГОРЫ, А В НИХ КАКИЕ-ТО НОРЫ.
УЧИТЕЛЬ НАМ ГОВОРИТ:
ТЕМА — ПОЛИТИКА.
УСТРОЙСТВО ГОСУДАРСТВА.
ОБЩЕСТВЕННЫЙ УКЛАД.
ВИЖУ, КАЖДЫЙ ИЗ ВАС
УЗНАТЬ ОБ ЭТОМ РАД.
ЭЙ, ГОСПОДИН УЧИТЕЛЬ! ПРОСТО НАС ОТПУСТИ.
НАШ УКЛАД — ЭТО СПЯЧКА, ОНА У НАС В КРОВИ.

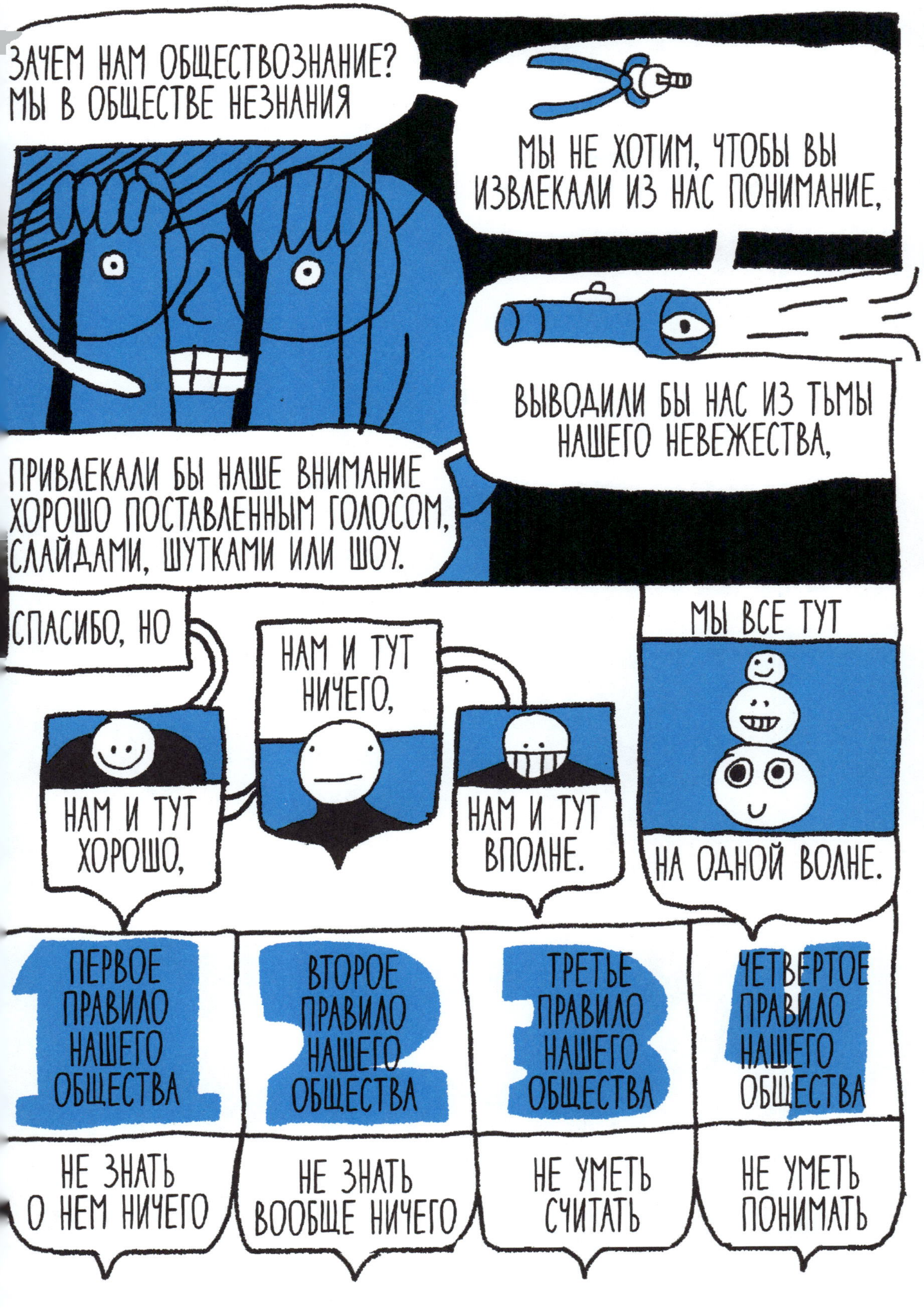
ЗАЧЕМ НАМ ОБЩЕСТВОЗНАНИЕ? МЫ В ОБЩЕСТВЕ НЕЗНАНИЯ
МЫ НЕ ХОТИМ, ЧТОБЫ ВЫ ИЗВЛЕКАЛИ ИЗ НАС ПОНИМАНИЕ,
ВЫВОДИЛИ БЫ НАС ИЗ ТЬМЫ НАШЕГО НЕВЕЖЕСТВА,
ПРИВЛЕКАЛИ БЫ НАШЕ ВНИМАНИЕ ХОРОШО ПОСТАВЛЕННЫМ ГОЛОСОМ, СЛАЙДАМИ, ШУТКАМИ ИЛИ ШОУ.
СПАСИБО, НО
НАМ И ТУТ ХОРОШО,
НАМ И ТУТ НИЧЕГО,
НАМ И ТУТ ВПОЛНЕ.
МЫ ВСЕ ТУТ
НА ОДНОЙ ВОЛНЕ.
1
ПЕРВОЕ ПРАВИЛО НАШЕГО ОБЩЕСТВА
НЕ ЗНАТЬ О НЕМ НИЧЕГО
2
ВТОРОЕ ПРАВИЛО НАШЕГО ОБЩЕСТВА
НЕ ЗНАТЬ ВООБЩЕ НИЧЕГО
3
ТРЕТЬЕ ПРАВИЛО НАШЕГО ОБЩЕСТВА
НЕ УМЕТЬ СЧИТАТЬ
4
ЧЕТВЕРТОЕ ПРАВИЛО НАШЕГО ОБЩЕСТВА
НЕ УМЕТЬ ПОНИМАТЬ

ПОСМОТРИТЕ, ДОРОГОЙ УЧИТЕЛЬ:
НИКТО ВООБЩЕ НЕ В ТЕМЕ.
ВАШИ ПОПЫТКИ ТЩЕТНЫ,
НАС НЕ ПРИВЛЕЧЬ К ПРОБЛЕМЕ
НАГАЕВ УШЕЛ В ОТКАЗ
ПЕТРЕНКО СВАЛИЛ В ТУАЛЕТ
АБДУЛЛАЕВ ЧИТАЕТ НАМАЗ
ИЛИ РЭП-МАНИФЕСТ
МЯКИНИНА КРУТИТ ВОЛОСЫ
ДРОЖЖЕНКО ХЛЮПАЕТ НОСОМ

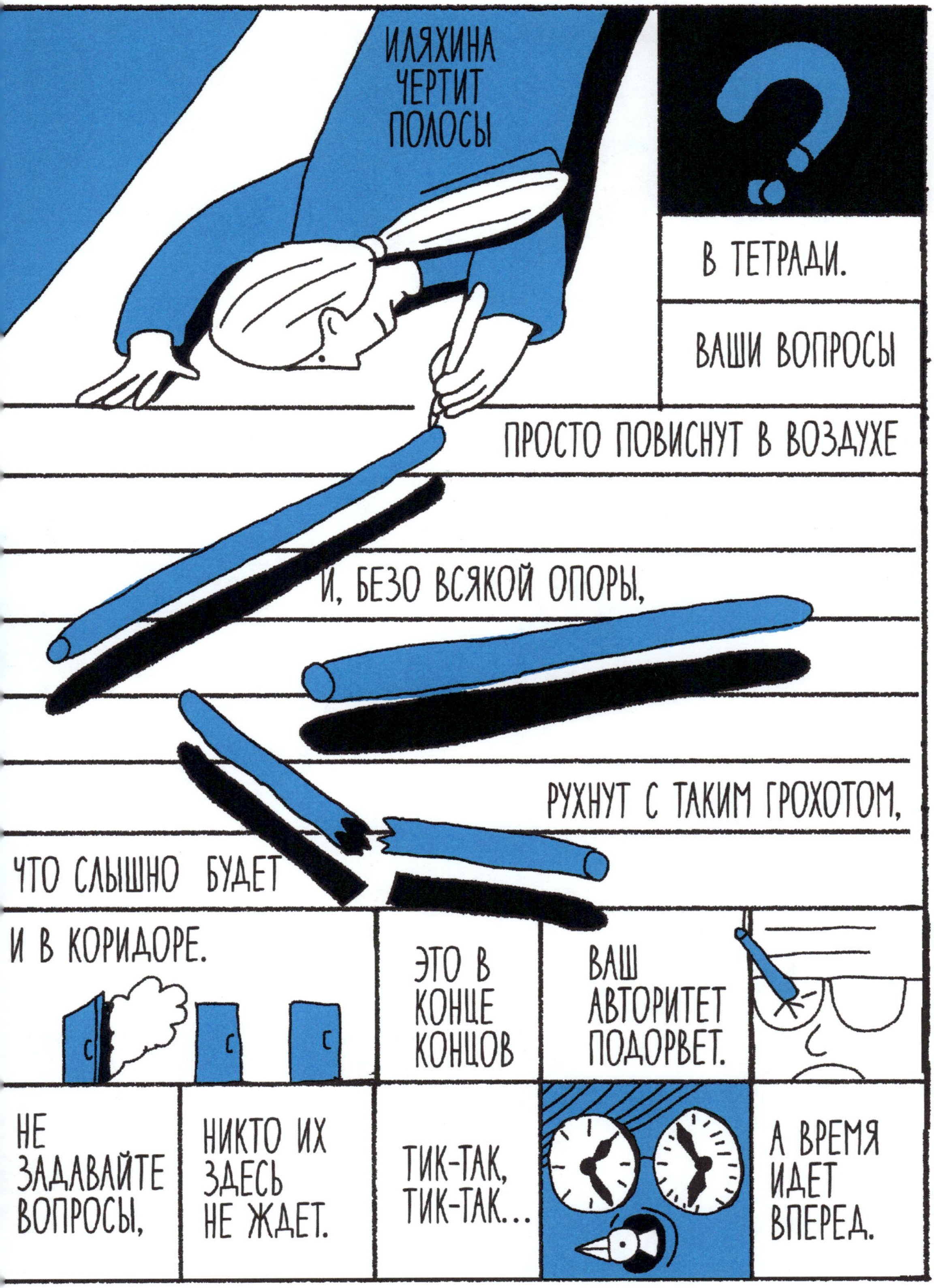

ИЛЯХИНА ЧЕРТИТ ПОЛОСЫ
В ТЕТРАДИ.
ВАШИ ВОПРОСЫ
ПРОСТО ПОВИСНУТ В ВОЗДУХЕ
И, БЕЗО ВСЯКОЙ ОПОРЫ,
РУХНУТ С ТАКИМ ГРОХОТОМ,
ЧТО СЛЫШНО БУДЕТ
И В КОРИДОРЕ.
ЭТО В КОНЦЕ КОНЦОВ
ВАШ АВТОРИТЕТ ПОДОРВЕТ.
НЕ ЗАДАВАЙТЕ ВОПРОСЫ,
НИКТО ИХ ЗДЕСЬ НЕ ЖДЕТ.
ТИК-ТАК, ТИК-ТАК...
А ВРЕМЯ ИДЕТ ВПЕРЕД.

ГДЕ-ТО В ДЕКАБРЕ
Я ИЗ ПЯТОГО «З», И ЭТО ЗНАЧИТ, ЧТО ПЕРЕД НАМИ ЕЩЕ КУЧА КЛАССОВ, ТЕХ, ЧТО ПОЛУЧШЕ И ПОУМНЕЕ, А МЫ ОБЫЧНАЯ СЕРАЯ МАССА, ПОЭТОМУ НИЧЕГО ОТ НАС
НЕ СТОИТ И ОЖИДАТ
А ЭТО НАША КЛАССНАЯ ЖАННА,
ЕЕ СТИЛЬ ОБЩЕНИЯ —
ОРАТЬ
ПО КАЖДОМУ ПОВОДУ
И ДАЖЕ БЕЗ.
ОНА БЕРЕТ ФА-ДИЕЗ:
ЕСЛИ БЫ МЫ БЫЛИ БОКАЛАМИ,
ОНА БЫ НАС ВСЕХ РАСКОЛОЛА
СВОИМИ ВОКАЛАМИ
РЕБЯТА, ДАВАЙТЕ УСТРОИМ СПЕКТАКЛЬ?
ОТ НАС ЭТОГО НИКТО НЕ ЖДЕТ!
ДАВАЙТЕ ВСЕХ УДИВИМ, РЕБЯТА?
ПОКАЖЕМ, ЧТО МЫ ВЕСЕЛЫЙ НАРОД!

ДА, ЖАННА ПАЛНА, МЫ ПРЯМ МЕЧТАЕМ,
РВЕМСЯ, АЖ КРОССЫ ГОРЯТ НА БЕГУ...
ПЕТЮ ДАВАЙТЕ НАРЯДИМ МАЗАЕМ!
Я БУДУ ЗАЙЦЕМ.
Я ТОЖЕ МОГУ!
НЕТ УЖ, МАЗАЯ МЫ СТАВИТЬ НЕ БУДЕМ, ТРИДЦАТЬ ЗАЙЧАТ МНЕ НЕ ПЕРЕЖИТЬ!
ДАВАЙТЕ ЛУЧШЕ КАКУЮ-ТО СКАЗКУ ПРО ТО, КАК ВЕСЕЛО ДРУЖИТЬ?
ЧТО, БУДЕМ ИГРАТЬ «ТЕРЕМОК»?
КАК ТУПЫЕ ЗВЕРИ ЗАСЕЛЯЛИ ЧЕРЕПОК?
НЕТ, ЛУЧШЕ ПРО РЕПКУ. КРУТОЙ ВАРИАНТ!
ОТЛИЧНАЯ БАЙКА ПРО ОВОЩ-МУТАНТ!
ЕТ, ЛУЧШЕ ОСТАВИМ «КОЛОБКА»!
Я ЗНАЮ, КТО ЕМУ НАМНЕТ БОКА!

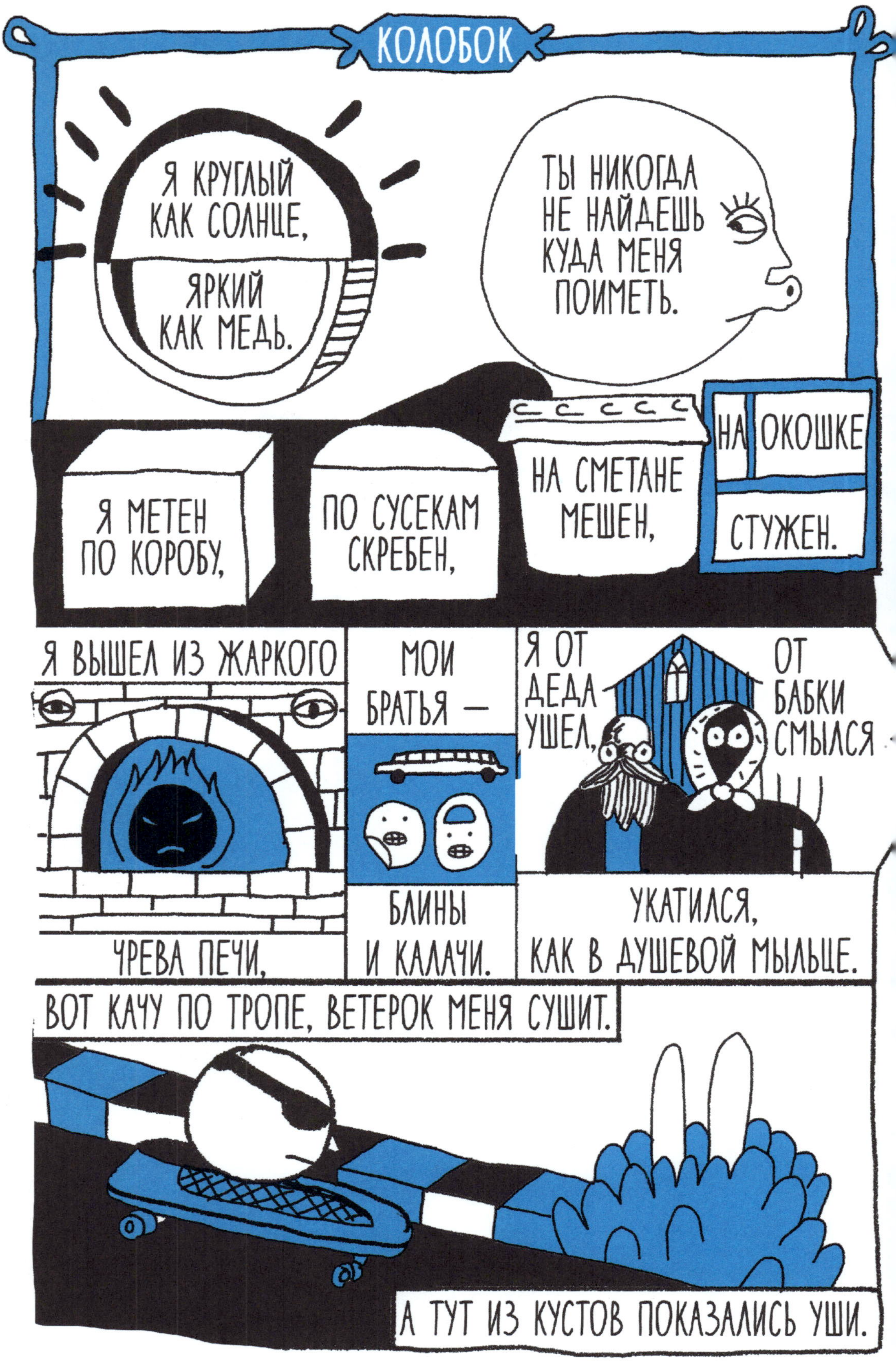
КОЛОБОК
Я КРУГЛЫЙ КАК СОЛНЦЕ,
ЯРКИЙ КАК МЕДЬ.
ТЫ НИКОГДА НЕ НАЙДЕШЬ КУДА МЕНЯ ПОИМЕТЬ.
Я МЕТЕН ПО КОРОБУ,
ПО СУСЕКАМ СКРЕБЕН,
НА СМЕТАНЕ МЕШЕН,
НА ОКОШКЕ
СТУЖЕН.
Я ВЫШЕЛ ИЗ ЖАРКОГО
ЧРЕВА ПЕЧИ,
МОИ БРАТЬЯ —
БЛИНЫ И КАЛАЧИ.
Я ОТ ДЕДА УШЕЛ,
ОТ БАБКИ СМЫЛСЯ
УКАТИЛСЯ, КАК В ДУШЕВОЙ МЫЛЬЦЕ.
ВОТ КАЧУ ПО ТРОПЕ, ВЕТЕРОК МЕНЯ СУШИТ.
А ТУТ ИЗ КУСТОВ ПОКАЗАЛИСЬ УШИ.

...ПРОСКОЧИЛ МЕЖДУ ЛАП, А НАВСТРЕЧУ СЕРЫЙ:

НУ-КА ДВИГАЙ СЮДА, КРУГЛЫЙ, ЕСТЬ ДЕЛО.
Я СМОТРЯЩИЙ ПО ЛЕСУ, У МЕНЯ ВСЕ ЧЕТКО,
ТЫ ПУГАЕШЬ ЕЖЕЙ,
ВГОНЯЕШЬ В СТРЕСС БЕЛОК.
А ТЕПЕРЬ ЗУБАМИ ЗАЯЦ БЬЕТ ЧЕЧЕТКУ?!
НА КОГО ТЫ КРОШИШЬ, СУХАРЬ В ОБЪЕМЕ?
ТЫ РЕШИЛ, ЧТО КОРОЛЬ? ТЫ ПАМПУШКА В КОРОНЕ
НА ОДИН УКУС, ЗАМОРИТЬ ЧЕРВЯЧКА.
СЕЙЧАС ТЕБЯ УХВАЧУ ЗА БОКА. И ПОКА.

ПРИБЕРИ КОНЕЧНОСТИ, КОВРИК С УШАМИ!
Я ИЗ ЗАЙЦА СЕЙЧАС СДЕЛАЛ ОРИГАМИ
И ТЕБЯ НАТЯНУ НА СЕБЯ, КАК НА ГЛОБУС.
Я КРУГЛЫЙ БОГ, ВОПЛОЩЕННЫЙ ЛОГОС,
ДАЖЕ КИНГ НЕ ПИСАЛ ПРО ТАКОЕ ОПУС.
БЛОХОНОСЕЦ, ЛЮБИТЕЛЬ ПОРОСЯТ И ДЕВОЧЕК,
ПОКРОВИТЕЛЬ ЕЖЕЙ, ЗАЩИТНИК БЕЛОЧЕК!
ОТХОДНУЮ ТЕБЕ СПОЕТ ПТИЦА-АЛКОНОСТ.
ТЫ УВЕРЕН, ЧТО В ПРОРУБЬ ЗАСУНУЛ ХВОСТ?
И ПОКА ХВАТАЕШЬ ЗУБАМИ ВОЗДУХ,
В МУТНЫХ ГЛАЗАХ СЧИТАЕШЬ ЗВЕЗДЫ,
ПОКАЧУ СЕБЕ ДАЛЬШЕ, СОЛНЦЕ СВЕТИТ, А НАВСТРЕЧУ МОРДА – СТРАШНЕЕ СМЕРТИ.

ЭТО ЧТО ЗА ВЫПЕЧКА РЕЗВО СКАЧЕТ,
МЕЖ КУСТОВ В ГЛАЗАХ У МЕНЯ МАЯЧИТ?
Я МИХАЙЛО ПОТАПЫЧ, ХОЗЯИН ЛЕСА,
МОИ ЛАПЫ МОЩНЕЕ Ж/Д ЭКСПРЕССА.
НА ОДНУ ПОСАЖУ,
ДРУГОЙ ПРИХЛОПНУ.
ПОЛЕЗАЙ КО МНЕ В ПАСТЬ,
НЕ БОИСЬ, НЕ ЛОПНУ.

ТЫ ОБЛЕЗЛАЯ ТУША, БРЮХО ПУСТОЕ,
У ТЕБЯ ЖЕ БРОВИ — КАК У ВОЖДЯ ЗАСТОЯ.
ОТВАЛИ В ОВРАГ, СОБИРАЙ ВАЛЕЖНИК.
ТЫ ТАКОЙ ЖЕ ДРЕВНИЙ, КАК ВЯЧЕСЛАВ МАЛЕЖИК.
Я ОТ ДЕДА УШЕЛ, СЛИЛСЯ ОТ БАБКИ,
ЗА МЕНЯ ДАВАЛИ ТАКИЕ БАБКИ —
ТЕБЕ СТОЛЬКО ЗА ЗИМУ НЕ ПРИСНИТСЯ...
Я СОЛНЦА АДСКАЯ КОЛЕСНИЦА!
ПРОКАТИЛСЯ ПО ЗАЙЦУ, ВОЛКА — В КЮВЕТ,
ТЫ ПРИЛИП БЫ К ПОДОШВАМ МОИХ ШТИБЛЕТ,
ЖАЛКО, НОГ И ШТИБЛЕТ У МЕНЯ НЕТ.
66
ДО СВИДАНИЯ, ТОЛСТОПЯТЫЙ, ГЛАЗКИ КАК ДРАЖЕ.
Я ТЕБЯ ОБОЙДУ НА ВИРАЖЕ
И УЙДУ В ГОРИЗОНТ, АДЬЮ, ДУБОЛОМ!
...КТО ТАМ ВПЕРЕДИ, С РЫЖИМ ХВОСТОМ?

КОЛОБОК, КОЛОБОК, ТЕБЕ ПОЮТ «СЛАВА»
ЛОНДОН, БЕЙРУТ, РИМ И ВАРШАВА.
НО ТЕПЕРЬ ТВОЙ ДОЛГИЙ ПУТЬ ОКОНЧЕН,
НА ОБОЧИНУ, ДРУГ, ТВОЙ ТЕХПАСПОРТ ПРОСРОЧЕН.
ПЕРПЕТУУМ-МОБИЛЕ С НУЛЕВЫМ КПД
ПРИКАТИЛСЯ НАВСТРЕЧУ СВОЕЙ СУДЬБЕ.
ЗАМОРОЧИЛ В ЛЕСУ ГОЛОВЫ ВСЕМ,
НО ТЕПЕРЬ, КОЛОБОК, Я ТЕБЯ СЪЕМ.

ТЫ ЧТО, НЕ ЧИТАЛА ПИФАГОРА, ДУРА?
Я ЖЕ ШАР — САМАЯ СОВЕРШЕННАЯ ФИГУРА,
ВОПЛОЩЕННАЯ ИСТИНА, СИМВОЛ СОЛЯРНЫЙ.
Я ТЕБЯ ЗАГОНЮ ЗА КРУГ ПОЛЯРНЫЙ,
А ТЫ — КУРОЕДКА, ВОРОТНИК, МАНТО,
ТЕБЕ ДОРОГО ВСТАНЕТ ЭТОТ АВТОСТОП!
Я ЗАЙЦА, МЕДВЕДЯ И ВОЛКА ВЫНЕС,
И ТЕБЯ ЖДЕТ ТАКОЙ ЖЕ ПРЕЖДЕВРЕМЕННЫЙ ФИНИШ.

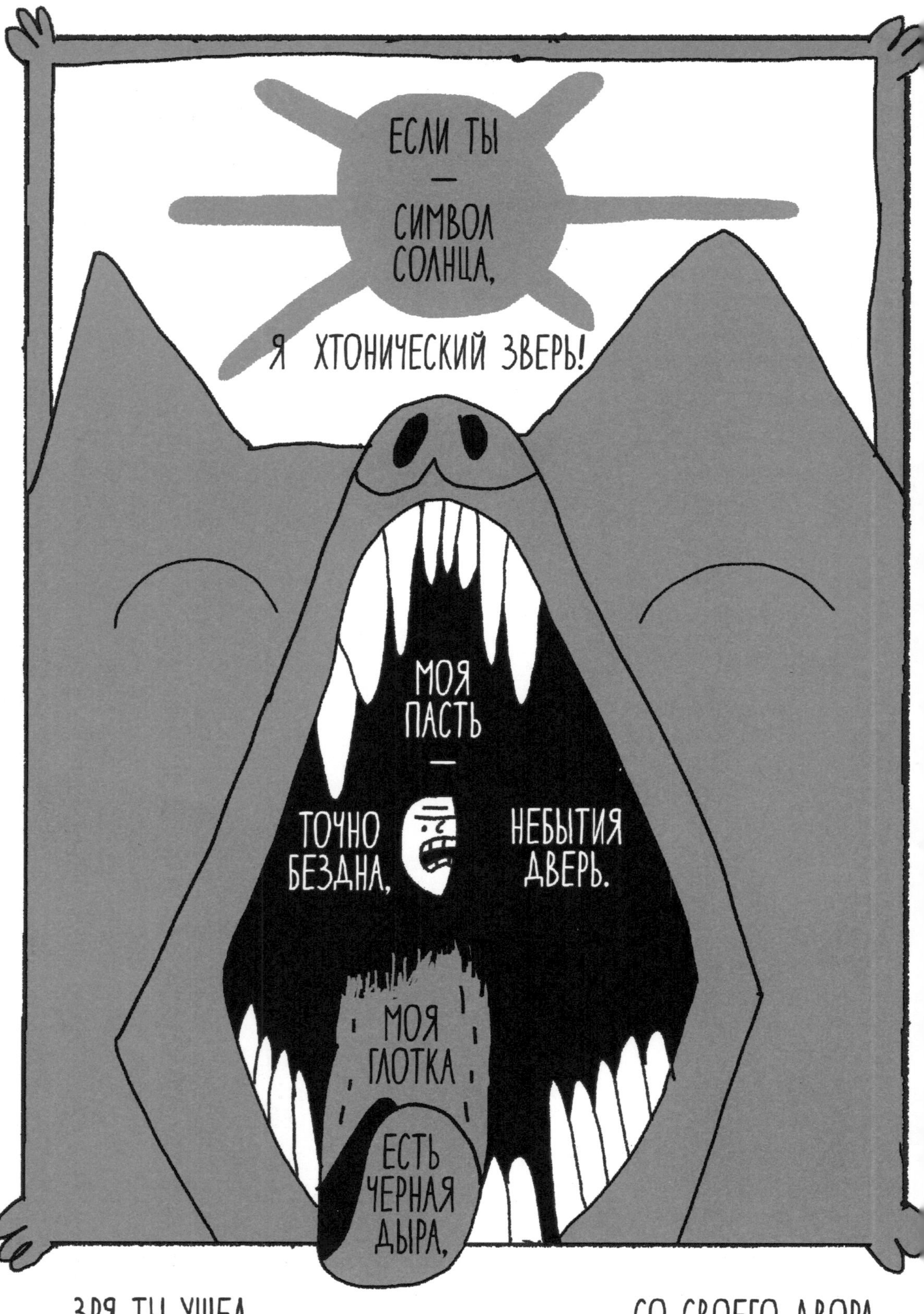

ЗРЯ ТЫ УШЕЛ СО СВОЕГО ДВОРА.

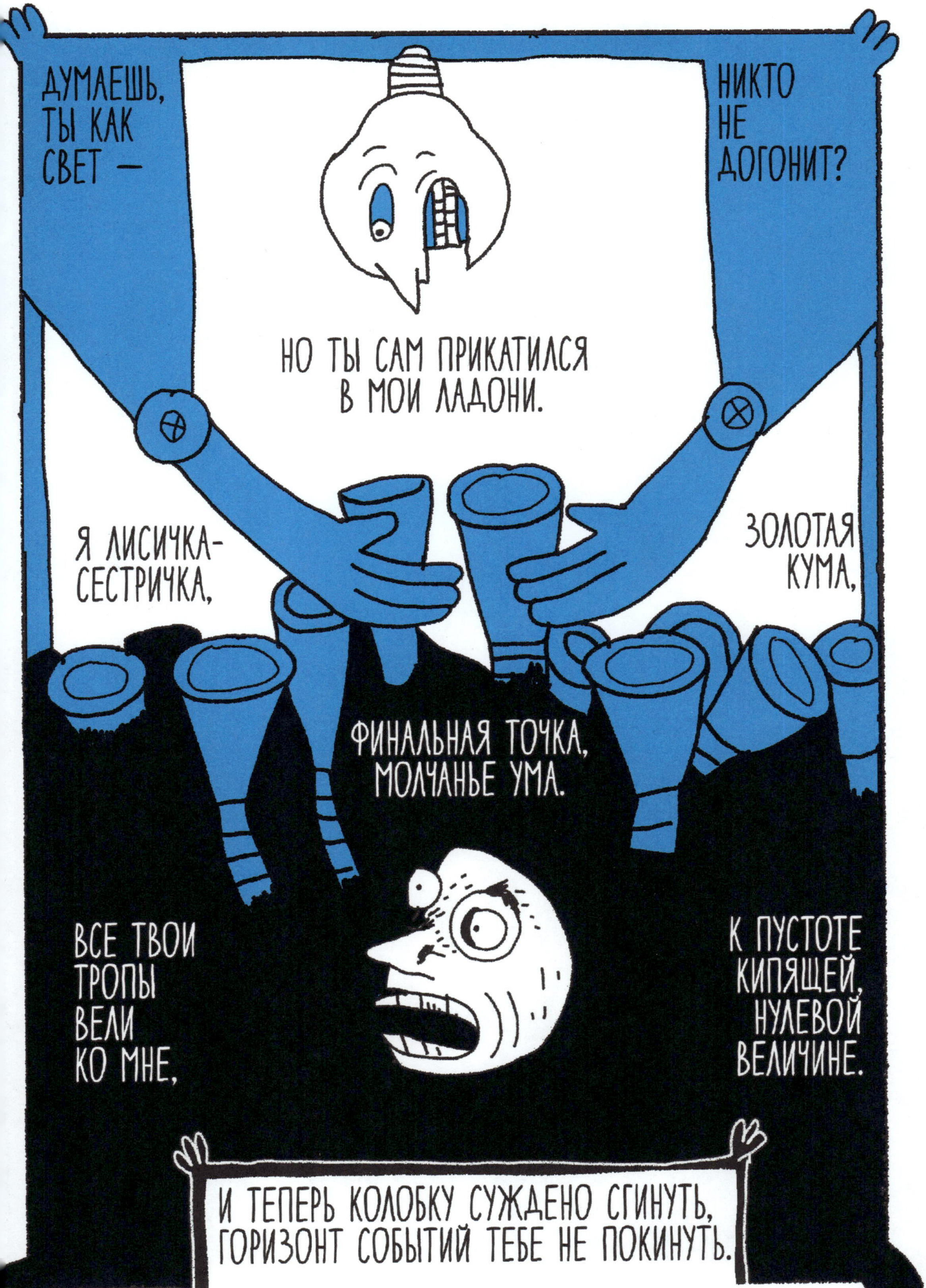

ДУМАЕШЬ, ТЫ КАК СВЕТ —
НИКТО НЕ ДОГОНИТ?
НО ТЫ САМ ПРИКАТИЛСЯ В МОИ ЛАДОНИ.
Я ЛИСИЧКА-СЕСТРИЧКА,
ЗОЛОТАЯ КУМА,
ФИНАЛЬНАЯ ТОЧКА, МОЛЧАНЬЕ УМА.
ВСЕ ТВОИ ТРОПЫ ВЕЛИ КО МНЕ,
К ПУСТОТЕ КИПЯЩЕЙ, НУЛЕВОЙ ВЕЛИЧИНЕ.
И ТЕПЕРЬ КОЛОБКУ СУЖДЕНО СГИНУТЬ, ГОРИЗОНТ СОБЫТИЙ ТЕБЕ НЕ ПОКИНУТЬ.

ЗИМНИЕ КАНИКУЛЫ
ДЕТИ РИСУЮТ ЖЕНСКОЕ ТЕЛО
МАРКЕРОМ, РУЧКОЙ, КАРАНДАШОМ, МЕЛОМ.

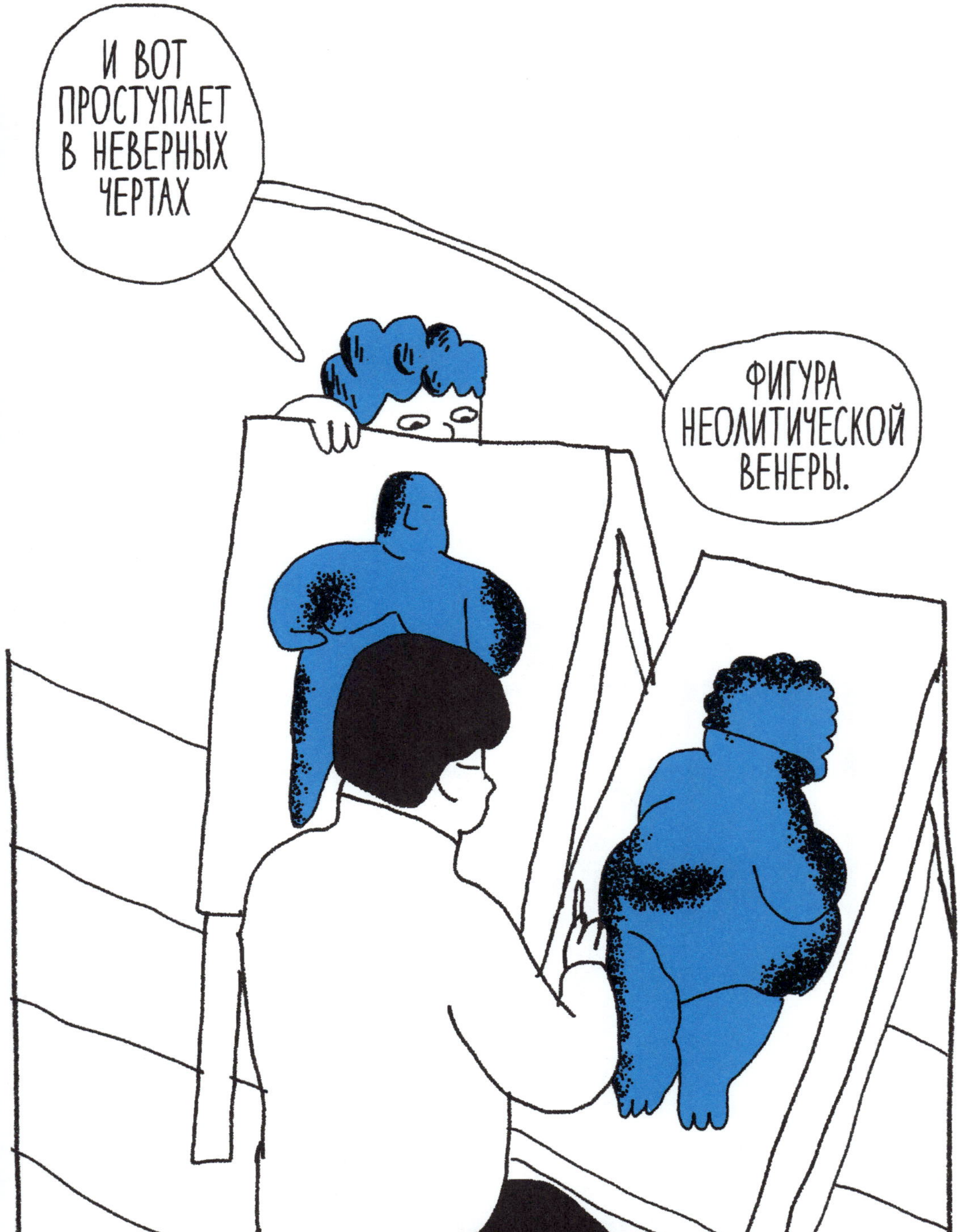
И ВОТ ПРОСТУПАЕТ В НЕВЕРНЫХ ЧЕРТАХ
ФИГУРА НЕОЛИТИЧЕСКОЙ ВЕНЕРЫ.

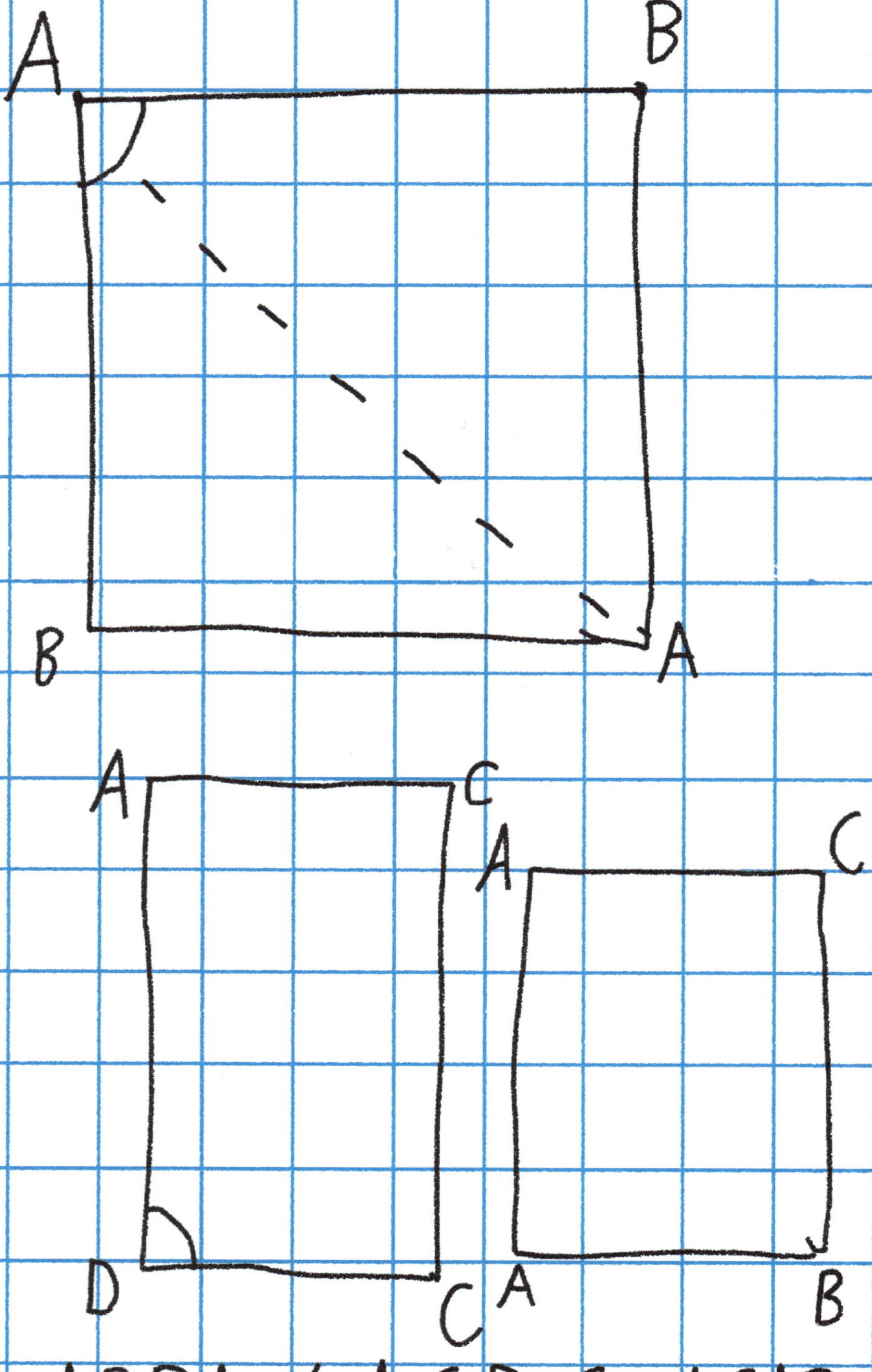

ABBA ≠ ACDC = ACAB

III четверть

ЛИТ-РА
КТО САМЫЙ МОДНЫЙ ПИСАТЕЛЬ В ШКОЛЕ?
ЧЬИ ШАРОВАРЫ ШИРЕ, ЧЕМ МОРЕ?
КТО РАЗБИВАЕТ СЛОВА В ГОГОЛЬ-МОГОЛЬ?
ЭТО НЕЙРОВАСИЛЬЕВИЧ ГОГОЛЬ.
ОН ВОРВАЛСЯ В ЛИТ-РУ НА ТАРАНТАСЕ
СО СВОИМ ЗАГОНОМ О ЧУМНОМ ТАРАСЕ
ПОРОДИВШЕМ СЫНА И ЕГО ЗАМОЧИВШЕМ,
У НЕГО ДЛИННЫЙ НОС И КУДРИ ВОЛНИСТЫ,
У НЕГО ЖЕЛУДОК
ВВЕРХ НОГАМИ,
И ЕГО ЧЕРНИЛА —
ЖИДКИЙ ПЛАМЕНЬ.
ЕСЛИ БЫ СЛОВА
В КУЗНИЦЕ КОВАЛИ,
ОН БЫ БРАЛ БЫ
ИХ ГОЛЫМИ РУКАМИ.
ВОРОВАЛ ОН МЕСЯЦ
И ЗНАЛСЯ С ЧЕРТОМ,
И ЛЕПИЛ ВАРЕНИКИ
ПРО ЗАПАС БЕЗ СЧЕТУ,
ВНУТРЬ КЛАЛ ОН ВИШНИ,
ТВОРОГ И САЛО,
И ЕГО ГЛАЗАМ
ВСЕГДА БЫЛО МАЛО.

КАК ГОРГОНА МЕДУЗА НАОБОРОТ.
ОН НА ЧТО НИ ВЗГЛЯНЕТ — ТО ЖИВЕТ,
ПОД ЕГО РУКОЙ ПРОБУЖДАЮТСЯ ВЕЩИ
ДАЖЕ ДВЕРИ ПОЮТ, СУНДУКИ ТРЕПЕЩУТ
И ГУЛЯЕТ НОС, САМ СЕБЕ КОМАНДИР, ОН ПРИ ШПАГЕ, НАЦЕПИЛ ВИЦМУНДИР
И ТАНЦУЕТ НА ТОНКОМ НЕВСКОМ ЛЬДУ С ОДИНОКОЙ ШИНЕЛЬЮ В ГОРЯЧЕМ БРЕДУ.
И ПУСКАЮТСЯ В ПЛЯС ФОНАРИ И КАРЕТЫ,
И КУРЬЕРЫ С БУЛЬОНОМ ЛЕТЯТ ПО ПРОСПЕКТАМ.
И, В СВОЮ ШКАТУЛКУ СОБИРАЯ ДУШИ,
ЕДЕТ, ЕДЕТ В ТРОЙКЕ МАЛЬЧИК ПАВЛУША.
КАТАЛОГ ЧУДЕС, АНЕКДОТОВ, БАЕК,
ОН ГОТИЧЕСКИЙ ЛЕС, РУССКИЙ ПРОЗАИК.
ОН ГЛЯДИТ НА РИМ, НАЧИНАЯ ПИР,
И НА КОНЧИК ПЕРА ПОДДЕВАЕТ МИР.

ГЕОГРАФИЯ
СКВОРЦЫ МАССОВО ПАДАЮТ НА ЗЕМЛЮ И РАЗБИВАЮТСЯ.
ОБЫЧНО Я ВКЛЮЧАЮ РЕЖИМ: СОНЯ НЕ УДИВЛЯЕТСЯ,
НО ЭТА НОВОСТЬ КАСАЕТСЯ ВДРУГ КАК БЫ СВОИМ КРЫЛОМ —
Я ЧУВСТВУЮ СЕБЯ ТАКИМ ЖЕ РАЗБИТЫМ О ЗЕМЛЮ СКВОРЦОМ.
НЕЛЕПЫЙ КОМОК ПУХА
КРОШЕЧНЫЙ МОТОР СЕРДЦА
ЗАСТРЯВШАЯ В ГОРЛЕ ТОНКАЯ ПРОВОЛОКА СКЕРЦО
Я ВЗЛЕТЕЛА НЕВЫСОКО
НАД ВЕРХУШКАМИ ЛИП,
ВИДЕЛА ДВОР, ПРОВОДА,
ГОЛУБЕЙ,
НА ДЕРЕВЕ ГРИБ.

ВИДЕЛА МНОГО КРЫШ...
ВИДЕЛА МНОГО МАШИН...
СОНЯ, ТЫ ЧТО, СПИШЬ?
§1
ПАРАГРАФ НОМЕР ОДИН!
НЕТ, Я СОВСЕМ НЕ СПЛЮ.
НЕТ, Я НЕ ТУПЛЮ.
ЕСЛИ БЫ МНЕ ДАВАЛИ
ХОТЯ БЫ ПО РУБЛЮ
КАЖДЫЙ РАЗ, КОГДА
СЕРДЦЕ ДАЕТ СБОЙ,
Я БЫ ДАВНО КУПИЛА
КАКОЙ-НИБУДЬ
ОСТРОВ ДЛЯ НАС С ТОБОЙ.

ОБЖ
НАМ ПОСТАВИЛИ ВИДЕОЗАПИСЬ:
КРАСИВАЯ КАРТИНКА И МНОГО ЦИФР.
ЧТО-ТО ПЯТНИСТОЕ ЕДЕТ,
ЧТО-ТО КУДА-ТО СТРЕЛЯЕТ
И, ТАМ, ЗА КРАЕМ ЭКРАНА,
КОГО-ТО УБИВАЕТ,
TV
НЕСТРАШНО УБИВАЕТ,
НА ВОЙНЕ ТАК БЫВАЕТ.
ВСЕ ПРОИСХОДИТ
ЗА КРАЕМ ЭКРАНА:
ВСЕ НЕКРАСИВОЕ ВСЕГДА
ЗА КРАЕМ ЭКРАНА,
TV
ТАМ УМИРАЮТ ЗЛЫЕ И ГЛУПЫЕ СТРАНЫ,
ТАМ РАЗРУШАЮТСЯ ВСЕ ВРАЖДЕБНЫЕ ПЛАНЫ,
ТАМ ПОГИБАЕТ ЗЛО
(КОНЕЧНО, В АДСКИХ МУКАХ),
А ЗДЕСЬ МЫ ВИДИМ ЛИШЬ ВСПЫШКИ
И ОТГОЛОСКИ ЗВУКОВ.

СЛЕДУЮЩИЙ ФРАГМЕНТ. СКЛЕЙКА.
ИДУТ НАРЕЗКИ КАДРОВ.
ТОЛСТЫЙ МУЖИК В ФУРАЖКЕ
НА ФОНЕ КАКИХ-ТО ГРАДОВ
(ИЛИ КАКИХ-ТО ГАДОВ?),
БОЛЬШИХ ПЯТНИСТЫХ ФИГОВИН.
УСТАНОВКА ГАД
ВПОЛНЕ ГОДИТСЯ ДЛЯ ВОЙН,
ВОИН ЕЙ ОЧЕНЬ РАД.
Г.А.Д.
ГЛАВНОЕ АДСКОЕ ДОЛБИЛО?
ГРАЖДАНСКИЙ АРМЕЙСКИЙ ДУШИТЕЛЬ?
ГОРОДСКОЙ АТАКУЮЩИЙ ДЯТЕЛ?
ГЕНЕРАЛЬНЫЙ АГОНИИ ДАРИТЕЛЬ?
КОРРЕСПОНДЕНТА ГОЛОС
ТРУДНО РАЗОБРАТЬ.
СОСЕДКА ОЛЯ
СВОЙ ВОЛОС
ЗАЧЕМ-ТО
ПРЯЧЕТ
В ТЕТРАДЬ.

ЛИЦО МУЖИКА В ФУРАЖКЕ КАК ЛУНА С ТОЙ СТОРОНЫ. ОКАЗЫВАЕТСЯ, ЭТО МИНИСТР ОБОРОНЫ НАШЕЙ СТРАНЫ.
КАЖЕТСЯ, ЧТО ПО НЕМУ ВЕЛИ МНОГОЛЕТНИЙ ОБСТРЕЛ — СРЕДИ ВОРОНОК И КРАТЕРОВ ТОЛЬКО НОС УЦЕЛЕЛ.
МИНИСТР ОБОРОНЫ ГОВОРИТ:
НАШИ РАКЕТЫ НЕУСТРАШИМЫ, В КАЖДОЙ ИЗ НИХ КИПИТ
ГОРЯЧАЯ КРОВЬ ХИРОСИМЫ. ОНИ МОГУТ ПРЕОДОЛЕТЬ
ПВО СТРАНЫ ЛЮБОЙ. КАЖДЫЙ ХОТЕЛ БЫ УМЕРЕТЬ,
ПОРАЖЕННЫЙ ТАКОЙ КРАСОТОЙ. НЕПОБЕДИМА РОДИНА,
И ТВЕРДЫ РУБЕЖИ.
СПОКОЙНО УЧИТЕ, ДЕТИ,
СВОИ ШИ И ЖИ.
УЧИТЕЛЬ ГАСИТ ПРОЕКТОР. НАРОД ПРЯЧЕТ МОБИЛЫ.
ДО КОНЦА УРОКА ДЕСЯТЬ МИНУТ. ТЕРПИМО.

УЧИТЕЛЬ ОБЖ ГОВОРИТ:
СЕГОДНЯ В СТРАНЕ ЮБИЛЕЙ, ПОЧТИ ГОСУДАРСТВЕННЫЙ ПРАЗДНИК —
МИЛЛИОН ЛЮДЕЙ ВО ВСЕМ МИРЕ УБИЛИ ИЗ НАШЕГО ГЛАВНОГО АВТОМАТА.
ИМ, КСТАТИ, ВООРУЖЕНЫ ВОСЕМЬДЕСЯТ ПРОЦЕНТОВ СОЛДАТОВ НА ВСЕЙ НАШЕЙ ПЛАНЕТЕ.
ПРЕДСТАВЛЯЕТЕ, РЕБЯТА? ЦЕЛЫЙ МИЛЛИОН!
И ЭТО ТОЛЬКО С ТЕХ САМЫХ ПОР, КАК МЫ СТАЛИ СЧИТАТЬ.
ОДИН ВРАГ — ЭТО ПАТРОН. А ДО ЭТОГО — НЕИЗВЕСТНО.
ЦЕЛЫЙ МИЛЛИОН! ЭТО ЖЕ ПРОСТО ЧУДЕСНО.
КАК ВЫ ИХ СТАЛИ СЧИТАТЬ? Я ПЕРЕСТАЮ ПОНИМАТЬ, ОКОНЧАТЕЛЬНО ПОНИМАТЬ.
ГДЕ Я СЕЙЧАС СИЖУ? ЛЕЧЬ МНЕ СЕЙЧАС ИЛИ ВСТАТЬ?
6 6 6
6 6 6

УЧИТЕЛЬ ВКЛЮЧАЕТ СВЕТ:
ТЕПЕРЬ ДАЮ ВАМ СЛОВО. КТО СДЕЛАЛ ДОМА ПРОЕКТ? СОНЯ, ТЫ ВЕДЬ ГОТОВА?
НЕТ, ГОВОРЮ, НЕТ.
Я СОВЕРШЕННО НЕ ГОТОВА, Я АБСОЛЮТНО НЕ ГОТОВА,
К ЭТОМУ НЕЛЬЗЯ БЫТЬ ГОТОВОЙ. ЛУЧШЕ СПРОСИТЕ СМИРНОВА.
НЕОЖИДАННО Я ОБНАРУЖИВАЮ СЕБЯ ПЕРЕД ЧЕРНОЙ ДОСКОЙ,
ПАЛЬЦЫ ЗАЧЕМ-ТО СУДОРОЖНО СХВАТИЛИ МЕЛ, Я СМОТРЮ И ВИЖУ, ЧТО КАЖДЫЙ ИЗ ПАЛЬЦЕВ
ТАК ЖЕ, КАК МЕЛ, БЕЛ.
И Я ГОВОРЮ В ПРОСТРАНСТВО, СКЛЕЕННОЕ ИЗ ЛИЦ, ПАРТ, ШЕПОТА, СКРИПОВ, СМЕШКОВ, ЩЕБЕТА СИНИЦ.
ЗА ОКНОМ СОЛНЦЕ. ПОДОКОННИК ГОРЯЧИЙ.
ВСЕ, ЧТО Я РАССКАЖУ, НИЧЕГО НЕ ЗНАЧИТ
22
ДЛЯ ВСЕХ, НО НЕ ДЛЯ МЕНЯ. СЕГОДНЯ ДВАДЦАТЬ ВТОРОЕ МЕСЯЦА ФЕВРАЛЯ

ДА, ГОВОРЮ, ЮБИЛЕЙ. ПРИМИТЕ МОИ ПОЗДРАВЛЕНИЯ.
Я Б ИСПЕКЛА ТОРТ ИЛИ ХОТЯ БЫ ПЕЧЕНЬЕ
В ФОРМЕ ЗНАМЕНИТОГО ПРЕКРАСНОГО АВТОМАТА.
КАК ГОВОРИТСЯ, СМЕРТЬЮ
НАША ЗЕМЛЯ БОГАТА.
СМЕРТЬ ВАМ И СОЛЬ, ДОРОГИЕ ГОСТИ, ИЛИ СМЕРТЬ И ХЛЕБ —
ТОЧНО НЕ ПОМНЮ ОТ ЗЛОСТИ.

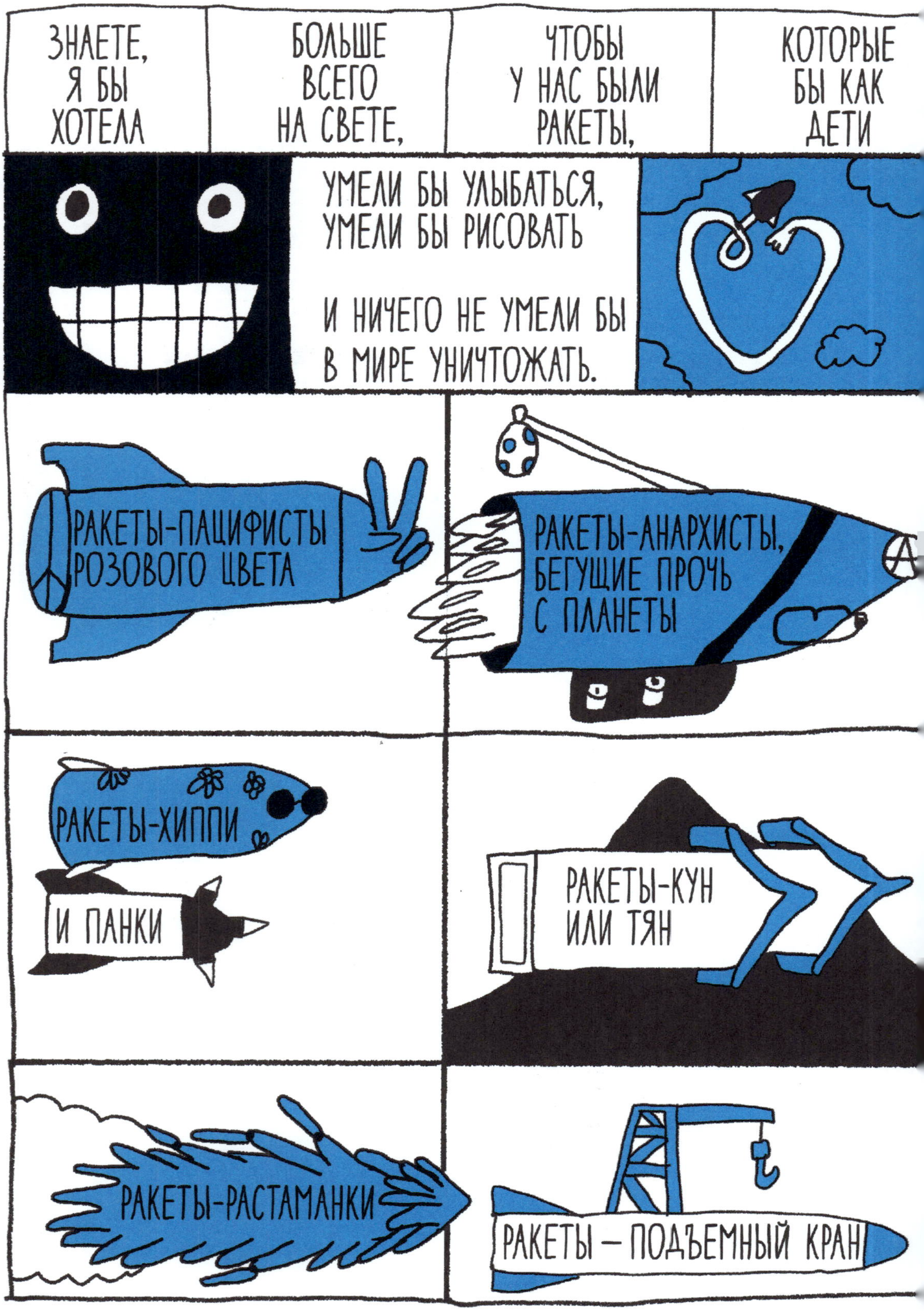
ЗНАЕТЕ, Я БЫ ХОТЕЛА
БОЛЬШЕ ВСЕГО НА СВЕТЕ,
ЧТОБЫ У НАС БЫЛИ РАКЕТЫ,
КОТОРЫЕ БЫ КАК ДЕТИ
УМЕЛИ БЫ УЛЫБАТЬСЯ, УМЕЛИ БЫ РИСОВАТЬ
И НИЧЕГО НЕ УМЕЛИ БЫ В МИРЕ УНИЧТОЖАТЬ.
РАКЕТЫ-ПАЦИФИСТЫ РОЗОВОГО ЦВЕТА
РАКЕТЫ-АНАРХИСТЫ, БЕГУЩИЕ ПРОЧЬ С ПЛАНЕТЫ
РАКЕТЫ-ХИППИ
И ПАНКИ
РАКЕТЫ-КУН ИЛИ ТЯН
РАКЕТЫ-РАСТАМАНКИ
РАКЕТЫ — ПОДЪЕМНЫЙ КРАН

РАКЕТЫ-АРХИТЕКТОРЫ
ИЛИ РАКЕТЫ-ВРАЧИ
РАКЕТЫ, ПОЮЩИЕ ПЕСНИ
ПЕКУЩИЕ КАЛАЧИ
СТАВЯЩИЕ УКОЛЫ, НАКЛАДЫВАЮЩИЕ ЖГУТ
РАКЕТЫ, С КОТОРЫМИ ЛЮДИ
ДО СТА ДВАДЦАТИ ЖИВУТ
ИГРАЮЩИЕ НА СТРУНАХ
СПАСАЮЩИЕ КИТОВ
ЛЕЧАЩИЕ ЖИВОТНЫХ, ЛУЧШЕ ВСЕГО КОТОВ
ХОТЯ ПОДОЙДУТ И КОАЛЫ, ОЦЕЛОТЫ, БОБРЫ
ДЛЯ НАШИХ РАКЕТ ЦЕЛЕБНЫХ
ВСЕ ЗВЕРИ В МИРЕ РАВНЫ.

ЧТОБЫ, КОГДА МИНИСТР НАЖАЛ СВОЮ КРАСНУЮ КНОПКУ,
НАШИ РАКЕТЫ СРАЗУ ЖЕ ВЗЯЛИ НА ИЗГОТОВКУ:
ВЫСТРЕЛ — В ПУСТЫНЕ ГОРОД ВОЗДВИГСЯ ИЗ ПУСТОТЫ.
ВЫСТРЕЛ — ДОРОГА В ПРОСТОРАХ И ЧЕРЕЗ РЕКУ МОСТЫ.
ВЫСТРЕЛ — И ВЫРОС ЛЕС РАЗОМ НА ПЕПЕЛИЩЕ,
БУДТО БЫ ВОСКРЕС. ВЫСТРЕЛ — С НЕБА ПИЩА.
ПАДАЮТ ВМЕСТО БОМБ БАТОНЫ, ТУШЕНКА, БУХАНКИ,
И ПЕРЕХОДЯТ ГРАНИЦУ ШОКОЛАДНЫЕ ТАНКИ.

И ХОЧЕТСЯ ЗАДОХНУТЬСЯ
ОТ ЗАПАХА ЦВЕТОВ.
ВОТ ТАК БЫ Я РАЗБОМБИЛА ВОРОНЕЖ ИЛИ РОСТОВ, А ТАКЖЕ ОСТАЛЬНЫЕ
ГОРОДА И ДЕРЕВНИ НАШЕЙ ПРЕКРАСНОЙ РОДИНЫ, МОГУЧЕЙ, СЛАВНОЙ И ДРЕВНЕЙ.
А ЭТИ ВОТ ВАШИ ВСЕ
ПАТРОНЫ И МЕГАТОННЫ...
КСТАТИ, УЖЕ ЗВОНОК! ЧТО, МЫ СВОБОДНЫ?

ПЕРЕМЕНА
ЧУВСТВО, ПОХОЖЕЕ НА СОРИНКУ, КОТОРАЯ ПОПАДАЕТ В ГЛАЗ,
НА ПС-С-С, ПРОПУСК, ПАУЗУ, ЛЬДИНКУ,
ОДНУ ИЗ ТЕХ, ЧТО СЫПЛЕТ НА НАС
ТОТ СТАРЫЙ ТРОЛЛЬ ИЗ СТАРОЙ СКАЗКИ,
НАПИСАННОЙ ДАТСКОЙ ДЕТСКОЙ РУКОЙ.
МИГ.
ТОЛЧОК.
ВСЕ ЗАМИРАЕТ,
РАССЫПАЕТСЯ ТРУХОЙ.

ТОБ ЧЕРЕЗ МИГ СОБРАТЬСЯ
БРАТНО В НОВЫЙ УЗОР.
ТЫ НАБЛЮДАЕШЬ ЗА НЕСЛУЧАЙНЫМ, НО НЕВОПЛОЩЕННЫМ СКВОЗЬ ЗАЗОР —
ТОНЬШЕ КОМАРИНОГО ПИСКА,
ЎЖЕ ПЛОСКОСТИ КРЫЛЬЕВ ШМЕЛЯ,
ИЗ ГОЛОВОКРУЖИТЕЛЬНОЙ ПРОПАСТИ
ВЗГЛЯД СВОЙ ПРОДЛЯЯ И ДЛЯ.
ПАЛЬЦЫ НА ХОЛОДЕ КРАСНЫ,
НО НА СОЛНЦЕ ТЕПЛЫ.
ТАК МОЖНО УВИДЕТЬ
ТО, ЧЕГО НЕТ: НАШЕЙ ЖИЗНИ
ДРОЖАЩИЙ ПРОСВЕТ.

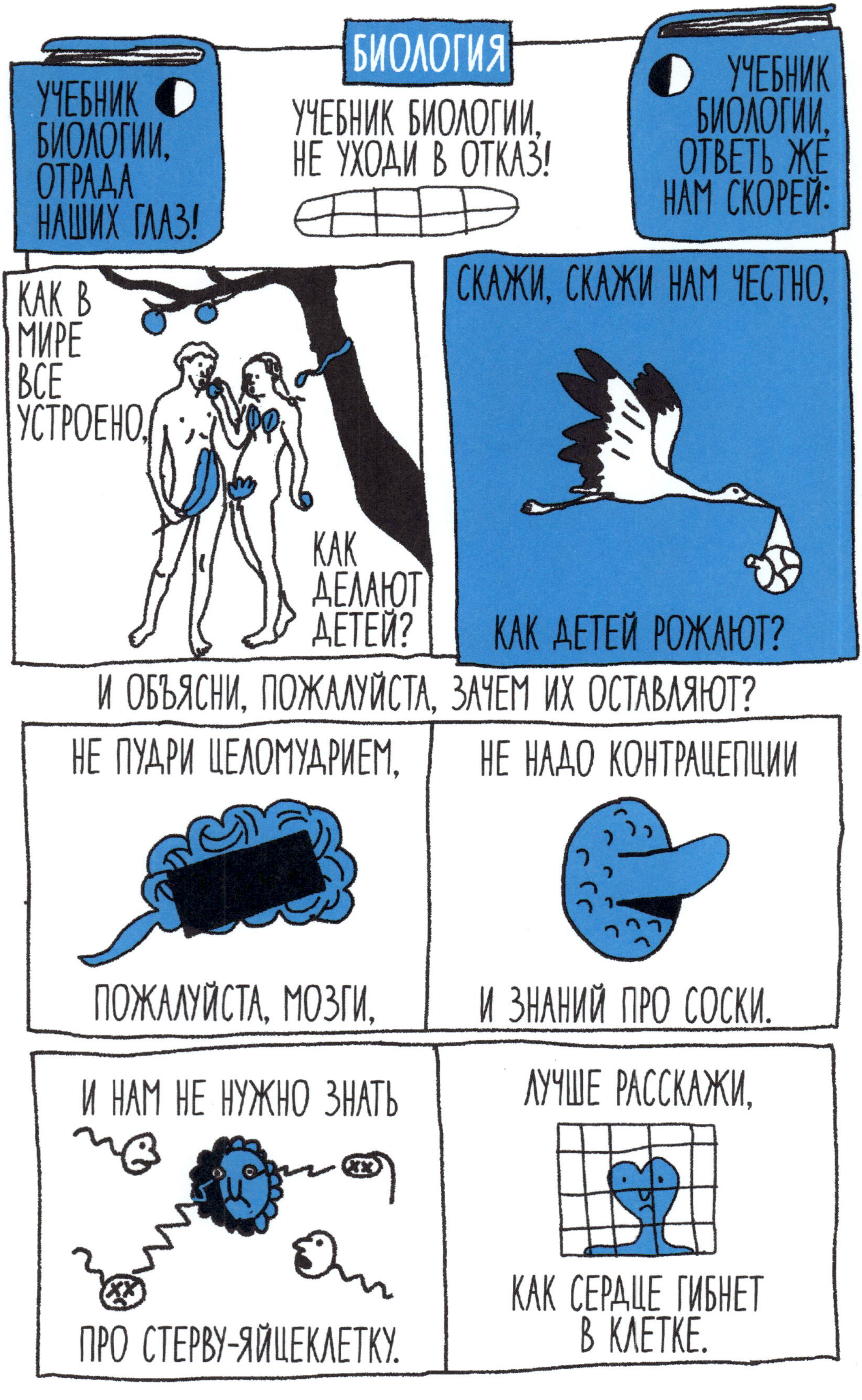
БИОЛОГИЯ
УЧЕБНИК БИОЛОГИИ, ОТРАДА НАШИХ ГЛАЗ!
УЧЕБНИК БИОЛОГИИ, НЕ УХОДИ В ОТКАЗ!
УЧЕБНИК БИОЛОГИИ, ОТВЕТЬ ЖЕ НАМ СКОРЕЙ:
КАК В МИРЕ ВСЕ УСТРОЕНО,
КАК ДЕЛАЮТ ДЕТЕЙ?
СКАЖИ, СКАЖИ НАМ ЧЕСТНО,
КАК ДЕТЕЙ РОЖАЮТ?
И ОБЪЯСНИ, ПОЖАЛУЙСТА, ЗАЧЕМ ИХ ОСТАВЛЯЮТ?
НЕ ПУДРИ ЦЕЛОМУДРИЕМ,
ПОЖАЛУЙСТА, МОЗГИ,
НЕ НАДО КОНТРАЦЕПЦИИ
И ЗНАНИЙ ПРО СОСКИ.
И НАМ НЕ НУЖНО ЗНАТЬ
ПРО СТЕРВУ-ЯЙЦЕКЛЕТКУ.
ЛУЧШЕ РАССКАЖИ,
КАК СЕРДЦЕ ГИБНЕТ В КЛЕТКЕ.

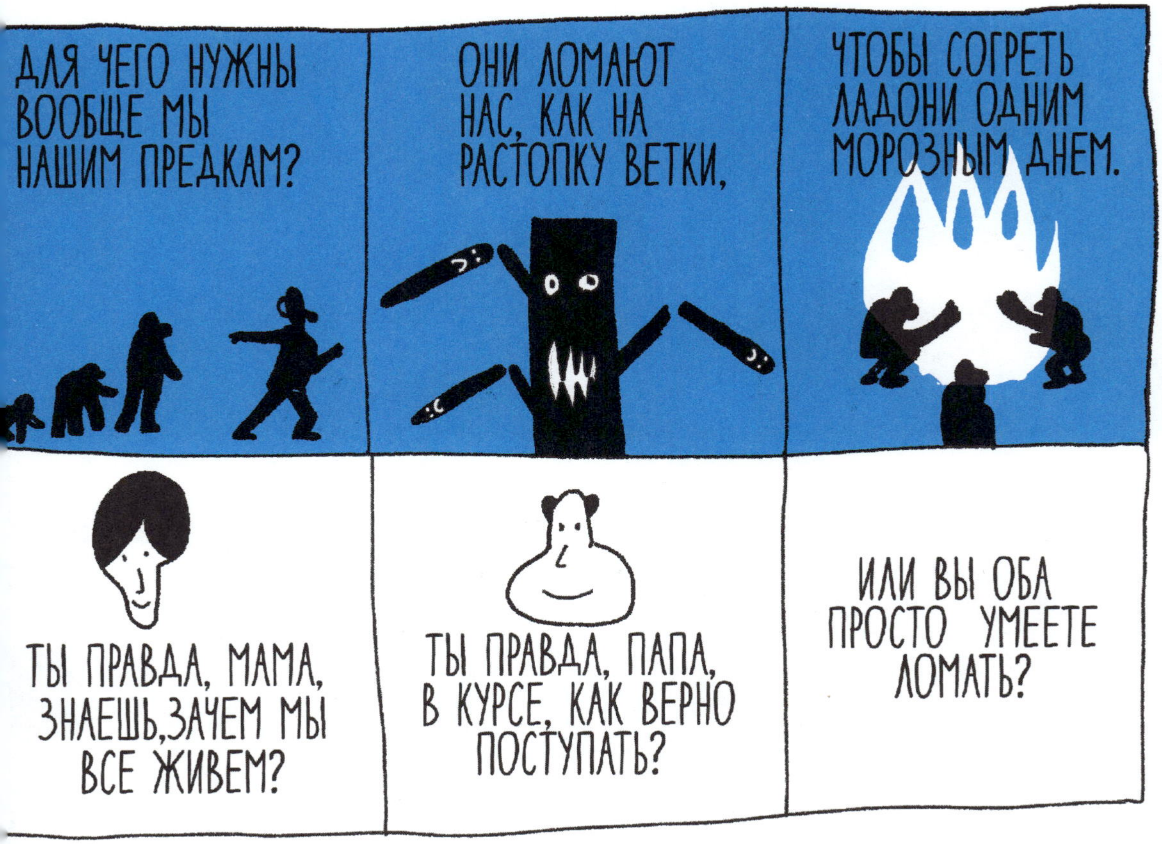

НЕ СКАЖЕТ НАМ УЧЕБНИК. МОЛЧАТ УЧИТЕЛЯ.

УЧЕБНИК БИОЛОГИИ, ТЫ БОЛЬШЕ НАС НЕ МУЧЬ.

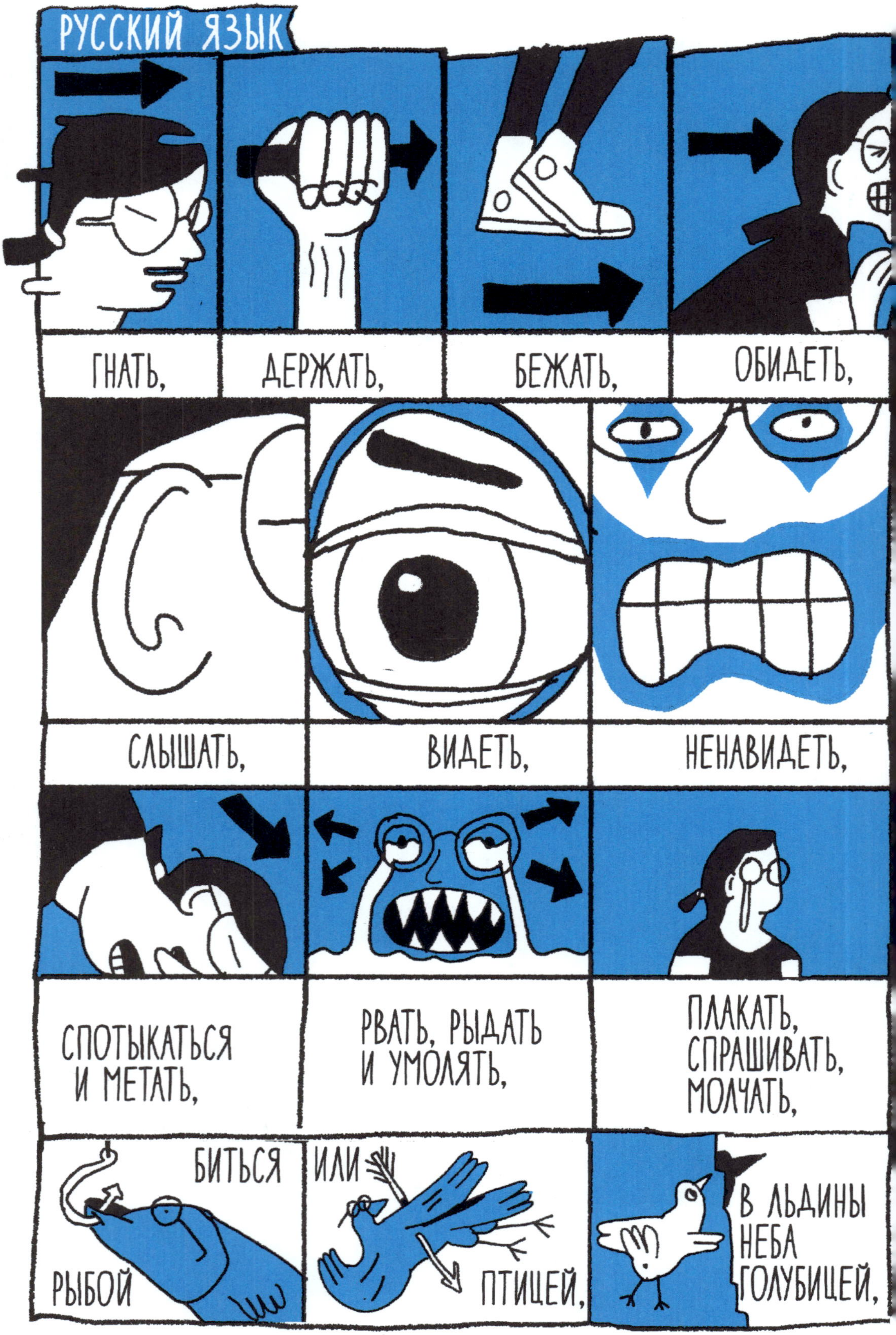
РУССКИЙ ЯЗЫК
ГНАТЬ,
ДЕРЖАТЬ,
БЕЖАТЬ,
ОБИДЕТЬ,
СЛЫШАТЬ,
ВИДЕТЬ,
НЕНАВИДЕТЬ,
СПОТЫКАТЬСЯ И МЕТАТЬ,
РВАТЬ, РЫДАТЬ И УМОЛЯТЬ,
ПЛАКАТЬ, СПРАШИВАТЬ, МОЛЧАТЬ,
БИТЬСЯ
РЫБОЙ
ИЛИ
ПТИЦЕЙ,
В ЛЬДИНЫ НЕБА ГОЛУБИЦЕЙ,

ГУБЫ, ТОНКИЕ КАК СПИЦЫ,
СЕРДЦЕ ПЛАЧУЩЕЙ СИНИЦЕЙ,
ГДЕ ГЛАГОЛОМ МИР ТЕСНИТСЯ,
ВЕТЕР-КОНЬ-ОГОНЬ КЛУБИТСЯ,
ОТЧЕГО ТЕБЕ НЕ СПИТСЯ?
ТСС, МОЛЧИ, НАМ ЧТО-ТО СНИТСЯ.

Я ЛЮБЛЮ:
НА ПЕРЕХОДЕ
ЗАПАХ ГНИЛЫХ ЛИСТЬЕВ
БРЫЗГ АПЕЛЬСИНА, КОГДА ЧИСТИТЬ
КОГДА СОЛНЦЕ ПРЯМО В СТЕКЛО
СКВОЗЬ ОБЛАКА
СИЯЮЩИМ КУЛАКОМ
В ОКНО
ЯРКО И ЗЛО
КЕФИР ОДНОПРОЦЕНТНЫЙ
СЫРОК В ШОКОЛАДЕ
ШЕЛЕСТ БЛОКНОТА
ЧУВСТВО ЛИСТА ТЕТРАДИ
ЧУВСТВО КОТА, НОЧЬЮ ЛОЖАЩЕГОСЯ НА НОГИ
ЗАКРЫВАТЬ ЛАДОНЬЮ ЧАСТЬ ДОРОГИ
ИСКАТЬ МАЛЕНЬКИЕ ЛИМОННЫЕ КАРАМЕЛЬКИ,
ОТКИДЫВАЯ МЯТУ И СМОРОДИНУ
СМОТРЕТЬ НА УМЕНЬШАЮЩУЮСЯ В ИЛЛЮМИНАТОРЕ РОДИНУ
КОГДА ЕДЕШЬ В АВТОБУСЕ, ПОДГОНЯТЬ КАПЛИ ВЗГЛЯДОМ,
БЕГУЩИЕ ПО СТЕКЛУ К ФИНИШУ БОК О БОК РЯДОМ
ЩЕЛКАТЬ ПАЛЬЦАМИ
ТРЕЩАТЬ ПОЗВОНКАМИ

(КАЖЕТСЯ, ЩЕЛКНУ
И СВОИМИ РУКАМИ)
ЧТО-ТО МОГУ
ПОЧИНИТЬ В ЭТОМ МИРЕ,
ПРЯМО СЕЙЧАС
У КОГО-ТО В КВАРТИРЕ
С ПОТОЛКА ПЕРЕСТАЕТ
ТЕЧЬ ВОДА,
ЗАЯЦ УХОДИТ
ОТ ВОЛКА,
ЧЕРЕПАШАТА
ДОБИРАЮТСЯ ДО КРОМКИ КИПЯЩЕЙ ПРИБОЯ,
ТАНКЕР ВБИРАЕТ РАЗЛИТУЮ НЕФТЬ.
МЫ С ТОБОЙ
СТОИМ ПОСРЕДИ
ПЕШЕХОДНОГО ПЕРЕХОДА,
И Я ГОВОРЮ ТЕБЕ ПРЯМО НА ЗЕБРЕ,
ЧТО ЛЮБЛЮ СВОБОДУ.

КАК БЫ ПАФОСНО
НИ ЗВУЧАЛО
ОСТАНАВЛИВАЮСЬ
НАЧИНАЮ СНАЧАЛА
ГОВОРЮ ЕЩЕ
НЕЯСНО
НЕТОЧНО
Я ЛЮБЛЮ
ЭТО ЗЫБКОЕ
И НЕПРОЧНОЕ

ТО САМОЕ
ЛЕГЧЕ НЕЗРИМОГО ИЗО РТА ПАРА
СЛОВАМИ САМОЕ НЕУЛОВИМОЕ
УХОДЯЩЕЕ С ЛЮБОГО РАДАРА
ЧУВСТВО, ОЩУЩЕНИЕ
ПАМЯТЬ О ТОМ,
ЧТО ЕЩЕ НЕ
СЛУЧИЛОСЬ, ПРОИЗОШЛО, СОСТОЯЛОСЬ ВПОЛНЕ
КАЖЕТСЯ, ЧЕРЕПАШОНОК ПЛЫВЕТ ПО ВОЛНЕ
А МЫ НА СВЕТОФОРЕ ЗАСТРЯЛИ
МИГАЕТ АЛЫЙ
ВРЕМЕНИ НЕ ХВАТАЕТ
ВРЕМЕНИ
ВСЕГДА
МАЛО

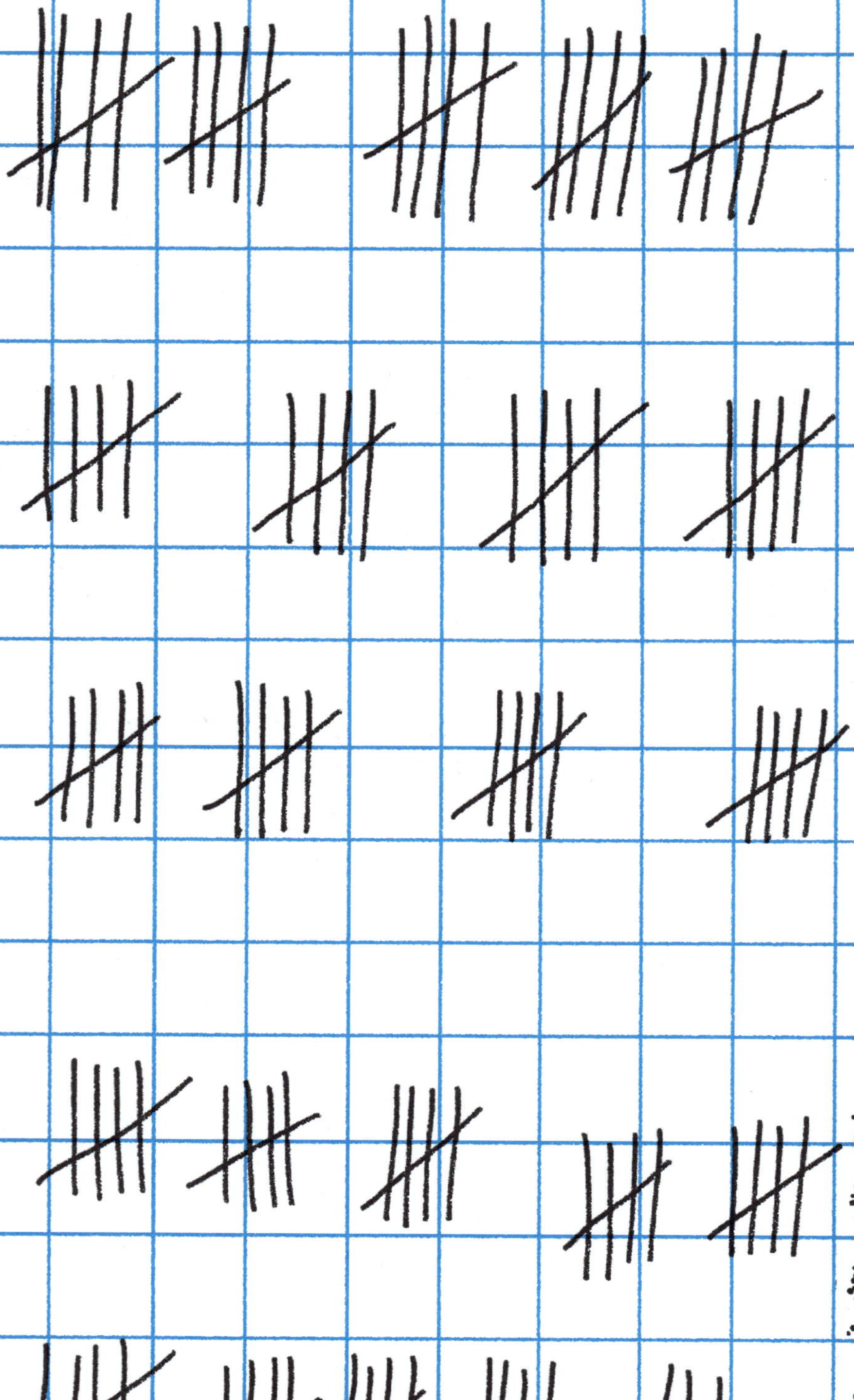

IV четверть

СМОТРЯЩИЙ ПО АПРЕЛЮ
У СОНИ ОДНИ ПРОБЛЕМЫ —
ОГЭ, ВЕСНА, КАПЕЛЬ
А У МЕНЯ ВСЕ НОРМ.
Я НАБЛЮДАЮ АПРЕЛЬ.

Я КАК БУДТО АНГЕЛ,
ВЫШЕДШИЙ ПОДЫМИТЬ,
У ВОРОТ РАЯ РЕШАЮ:
КЕМ И КОМУ ЗДЕСЬ БЫТЬ?

СМОТРЯЩИЙ ПО АПРЕЛЮ
КОМАНДИР ВЕСНЫ,
А ЗА СПИНОЙ ТАБЛИЧКА:
ЗДЕСЬ РАЗГРУЖАЮТ СНЫ.

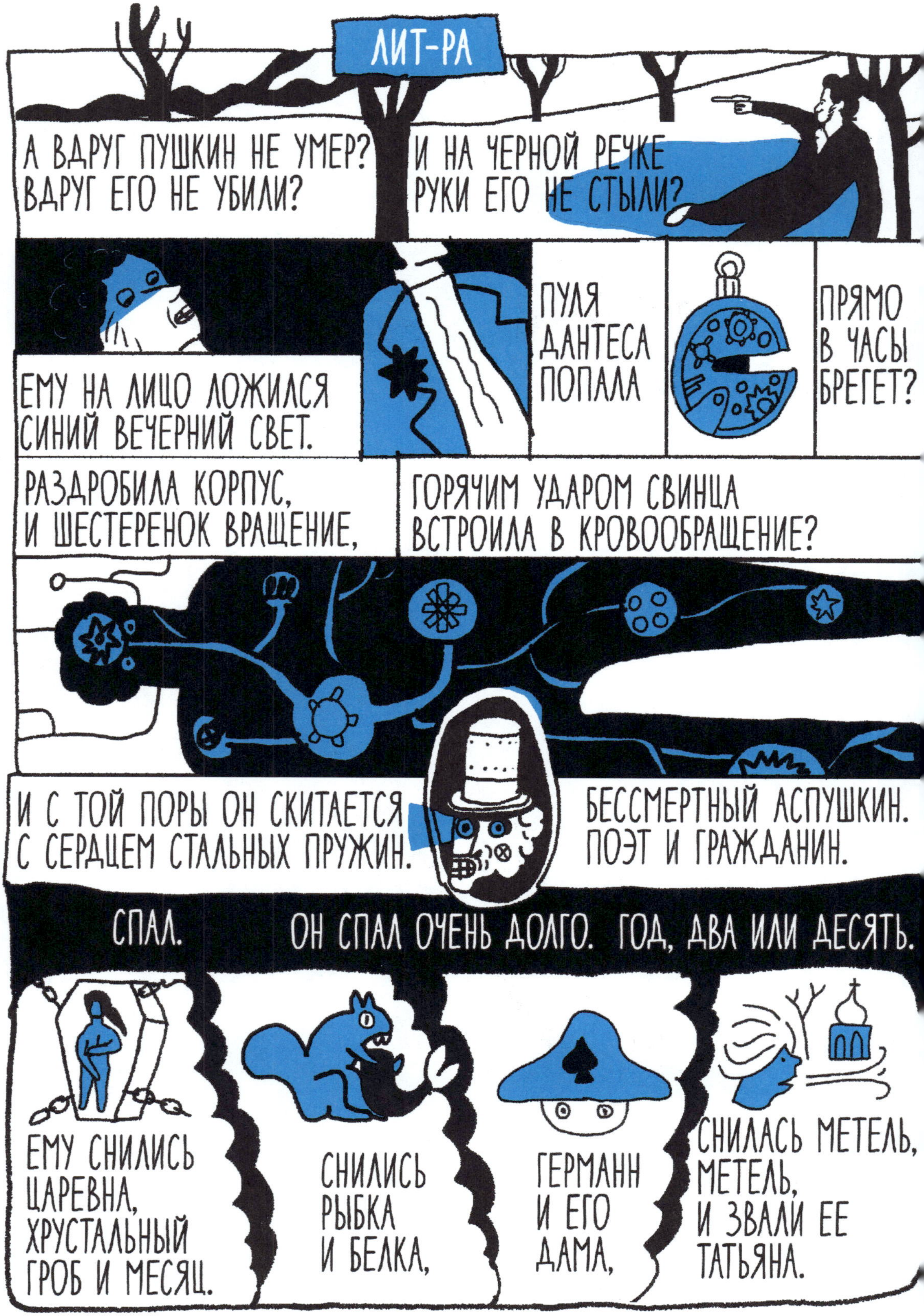
ЛИТ-РА
А ВДРУГ ПУШКИН НЕ УМЕР? ВДРУГ ЕГО НЕ УБИЛИ?
И НА ЧЕРНОЙ РЕЧКЕ РУКИ ЕГО НЕ СТЫЛИ?
ЕМУ НА ЛИЦО ЛОЖИЛСЯ СИНИЙ ВЕЧЕРНИЙ СВЕТ.
ПУЛЯ ДАНТЕСА ПОПАЛА
ПРЯМО В ЧАСЫ БРЕГЕТ?
РАЗДРОБИЛА КОРПУС, И ШЕСТЕРЕНОК ВРАЩЕНИЕ,
ГОРЯЧИМ УДАРОМ СВИНЦА ВСТРОИЛА В КРОВООБРАЩЕНИЕ?
И С ТОЙ ПОРЫ ОН СКИТАЕТСЯ С СЕРДЦЕМ СТАЛЬНЫХ ПРУЖИН.
БЕССМЕРТНЫЙ АСПУШКИН. ПОЭТ И ГРАЖДАНИН.
СПАЛ.
ОН СПАЛ ОЧЕНЬ ДОЛГО. ГОД, ДВА ИЛИ ДЕСЯТЬ.
ЕМУ СНИЛИСЬ ЦАРЕВНА, ХРУСТАЛЬНЫЙ ГРОБ И МЕСЯЦ.
СНИЛИСЬ РЫБКА И БЕЛКА,
ГЕРМАНН И ЕГО ДАМА,
СНИЛАСЬ МЕТЕЛЬ, МЕТЕЛЬ, И ЗВАЛИ ЕЕ ТАТЬЯНА.

ПОТОМУ
Н ПРОСНУЛСЯ —
ЕЗКО,
ЖЕЛЕЗНЫМ
ШОРОХОМ
РАСПАХНУЛИСЬ
РЕСНИЦЫ —
ВЗРЫВОМ
СУХОГО ПОРОХА
НА ЗАРЯДНОЙ ПОЛКЕ.
СВЕТ УДАРИЛ
В ХРУСТАЛИКИ
КРЕМНЁВЫМ
БОЙКОМ.
ОН СЕЛ
И ОГЛЯДЕЛСЯ.
МИР ВОКРУГ
БЫЛ НЕЗНАКОМ.
ВСЕ ВОКРУГ БЫЛО ИНОЕ:
ЛЮДИ, СВЕТ, ОБЛАКА.
ПУШКИН СИДЕЛ И ТИКАЛ
ВНУТРИ СВОЕГО СЮРТУКА.
И ВОТ
ИДУТ ГОДА,
ГОДА, ГОДА,
А ОН
ВСЕ
БРОДИТ,
ГОСПОДА.
ИДУТ ЧАСЫ,
ИДЕТ ПОЭТ,
ВСЕ ИЩЕТ,
ИЩЕТ
ОН ОТВЕТ
ВО МРАКЕ
НОЧИ,
В СВЕТЕ ДНЯ:
О БОЖЕ, КТО ЗАВЕЛ МЕНЯ?

НА ТЕСТЕ
ПО ОГЭ
Я НЕ ПОНИМАЮ ЧТО ТАКОЕ ОГЭ
ЭТИ ТРИ БУКВЫ ВЫРАСТАЮТ В ПРОБЛЕМУ.
ОВЦЫ ГОРИЛЛ ЭКСПЛУАТИРУЮТ?
ИЛИ ОЛЯПКА ГРЫЗЕТ ЭМУ?
ОЧЕНЬ ГРАМОТНЫЙ ЭКСКАВАТОР?
ОСЕННИЙ ГОБЛИН ЭДВАРД?
ОСВИСТАННЫЙ ГРАЖДАНАМИ ЭВАКУАТОР?
ОНИ ГОВОРЯТ: ЭДГАР.
ОСТАНОВИТЕ ГРАБЕЖ ЭНЕРГИИ.
ОБОРВИТЕ ГАДАНИЕ ЭЛЛЫ.
ОБЕРНИТЕ ГОЛОГО ЭЛЬФА
О, ГОБЕЛЕНОМ ЭММЫ!

ОТВЕТЬТЕ, ГОСПОДА ЭКСПЕРТЫ,
ОГЭ — ГЛАВНЫЙ ЭКЗАМЕН?
ОЛЕНЬ ГОСПОДА ЭРУ?
ОБЪЯТИЯ ГЛАВНЕЕ ЭМАЛИ?
ОБЛИТЫЙ ГЛАЗУРЬЮ ЭКЛЕР?
ОСВЯЩЕННАЯ ГРИЗЛИ ЭСКАДРА?
ОСТЕКЛЕННЫЙ ГЛИНОЙ ЭРКЕР?
ОТВЕТСТВЕННОСТЬ — ГИМН ЭСТРАДЫ?
ОШЕЛОМИТЕЛЬНАЯ ГОРА ЭКИВОКОВ?
ОДИНОКОЕ ГОРНОЕ ЭХО?
ОБЪЕДИНЕННЫЕ ГРУСТНЫЕ ЭМИРАТЫ?
ИЛИ ОЛЯ ГОРДИТСЯ ЭГО?
Я РЕАЛЬНО НЕ ПОНИМАЮ, И МНЕ НИКТО НЕ ДАЕТ ОТВЕТА.

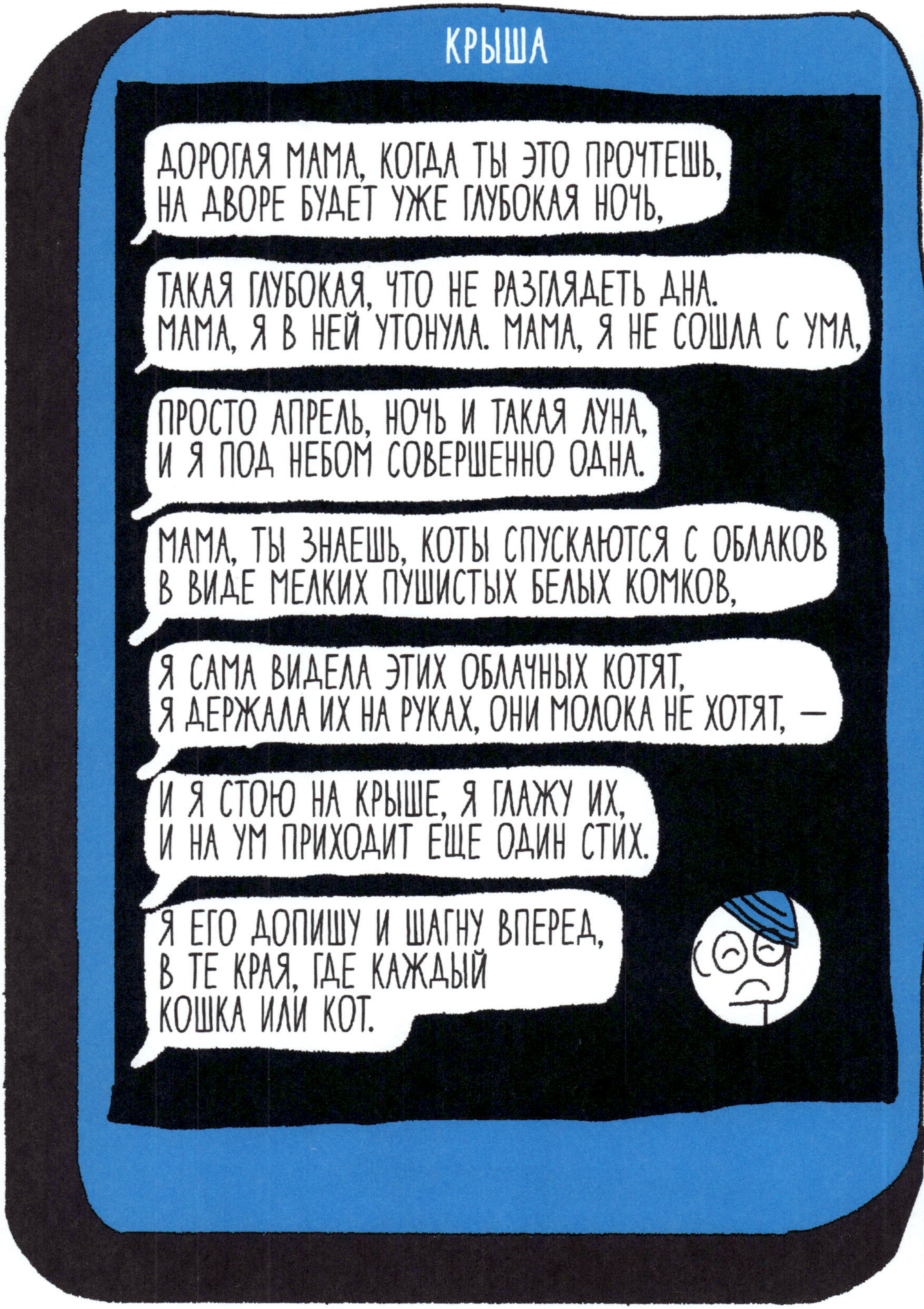
КРЫША
ДОРОГАЯ МАМА, КОГДА ТЫ ЭТО ПРОЧТЕШЬ, НА ДВОРЕ БУДЕТ УЖЕ ГЛУБОКАЯ НОЧЬ,
ТАКАЯ ГЛУБОКАЯ, ЧТО НЕ РАЗГЛЯДЕТЬ ДНА. МАМА, Я В НЕЙ УТОНУЛА. МАМА, Я НЕ СОШЛА С УМА,
ПРОСТО АПРЕЛЬ, НОЧЬ И ТАКАЯ ЛУНА, И Я ПОД НЕБОМ СОВЕРШЕННО ОДНА.
МАМА, ТЫ ЗНАЕШЬ, КОТЫ СПУСКАЮТСЯ С ОБЛАКОВ В ВИДЕ МЕЛКИХ ПУШИСТЫХ БЕЛЫХ КОМКОВ,
Я САМА ВИДЕЛА ЭТИХ ОБЛАЧНЫХ КОТЯТ, Я ДЕРЖАЛА ИХ НА РУКАХ, ОНИ МОЛОКА НЕ ХОТЯТ, —
И Я СТОЮ НА КРЫШЕ, Я ГЛАЖУ ИХ, И НА УМ ПРИХОДИТ ЕЩЕ ОДИН СТИХ.
Я ЕГО ДОПИШУ И ШАГНУ ВПЕРЕД, В ТЕ КРАЯ, ГДЕ КАЖДЫЙ КОШКА ИЛИ КОТ.

P.S.
ЛАДНО, НЕ ПАРЬСЯ, Я НА ВЕРХНЕМ ЭТАЖЕ.
ИНТЕРЕСНО, ТЫ ВЫЗВАЛА МЕНТОВ УЖЕ?

ДЕВЯТОЕ МАЯ
ТАК, СОБЕРИТЕСЬ, ДО ДЕВЯТОГО МАЯ ВРЕМЕНИ МАЛО...
ДЕВЯТОЕМАЯ — ДЕВЯТОЕМАЯ — ДЕВЯТОЕМАЯ — ДЕВЯТ
МЫ ВАС НЕ ЗАБУДЕМ
МЫ ИХ НЕ ЗАБУДЕМ
МЫ ВСЕХ НЕ ЗАБУДЕМ РЕБЯТ
КАЧАЕТСЯ СОЛНЦЕ В РАСПАХНУТОЙ СТВОРКЕ ОКНА
ПРЕДСТАВЬТЕ, РЕБЯТА, ВОТ В ЭТОТ ВОТ ДЕНЬ ЗАВЕРШИЛАСЬ ВОЙНА.

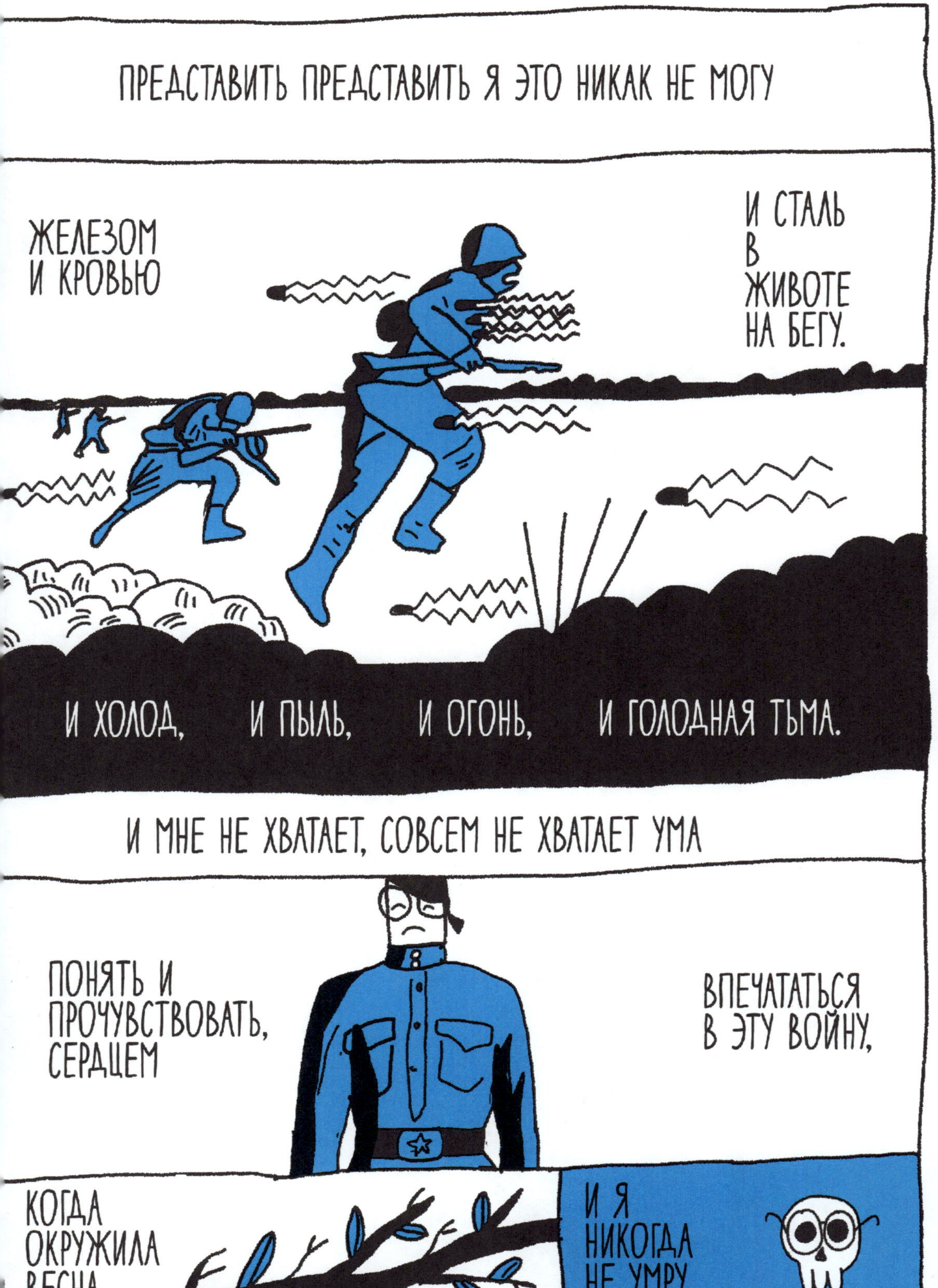
ПРЕДСТАВИТЬ ПРЕДСТАВИТЬ Я ЭТО НИКАК НЕ МОГУ
ЖЕЛЕЗОМ И КРОВЬЮ
И СТАЛЬ В ЖИВОТЕ НА БЕГУ.
И ХОЛОД,
И ПЫЛЬ,
И ОГОНЬ,
И ГОЛОДНАЯ ТЬМА.
И МНЕ НЕ ХВАТАЕТ, СОВСЕМ НЕ ХВАТАЕТ УМА
ПОНЯТЬ И ПРОЧУВСТВОВАТЬ, СЕРДЦЕМ
ВПЕЧАТАТЬСЯ В ЭТУ ВОЙНУ,
КОГДА ОКРУЖИЛА ВЕСНА,
И Я НИКОГДА НЕ УМРУ.

АКТОВЫЙ ЗАЛ
ЧУВСТВО, ЧТО ТЫ ПИАНИНО
И ГДЕ-ТО В САМОЙ ГРУДИНЕ
БУДТО БЫ КЛАВИША, ЕЕ НАЖАЛИ
И НЕ ОТПУСКАЮТ.
И ЗВУК РАСТЕКАЕТСЯ ИЗ СЕРДЦЕВИНЫ,
РАСХОДИТСЯ НЕСЛЫШНЫМИ, НО ОЩУТИМЫМИ ВОЛНАМИ.
ДРОЖИТ СТРУНА, НАТЯНУТАЯ НА ПОЗВОНОЧНИК,
ДРОЖИТ.
Я НЕ ЗНАЮ: ВЕСНА ЭТО? НЕДОСЫП? ЛЮБОВЬ?

ИЛИ Я ПРОСТО ИЩУ ТАКУЮ ЖЕ ГАРМОНИЮ ДРУГОЙ СТРУНЫ?

МАЙСКИЕ
Я ПРИДУМАЛА ГОРОД, КОТОРОГО НЕТ.
ТАМ ПЛЫВЕТ НАД КРЫШАМИ РОЗОВЫЙ ЦВЕТ.
ТАМ МОСТЫ ИЗОГНУЛИСЬ, КАК КОТЫ.
Я ПРИДУМАЛА ГОРОД, В КОТОРОМ ТЫ.
ГДЕ ТУМАН ДОСТАЕТ ДО ФАБРИЧНОЙ ТРУБЫ.
Я ПРИДУМАЛА ГОРОД, В КОТОРОМ СМЕРТЬ
ЗАМИРАЕТ, КОГДА ПРИХОДИТ РАССВЕТ.

ЭТОТ ГОРОД ЖИВЕТ,
ПОТОМУ ЧТО ТАМ ТЫ.
ТАМ СМЕЮТСЯ ЛЮДИ,
ТАМ ЛИЦА ЧИСТЫ,
ГОВОРЯТ СОЛОВЬИНЫМ ГЛАСОМ САДЫ,
И, ПОЛНЫ СЕРЕБРИСТОГО ОГНЯ,
ОБЛАКА НАД ГРАДОМ ЕГО ХРАНЯТ.
В ЭТОМ ГОРОДЕ ВСЕ ЕСТЬ,
КРОМЕ МЕНЯ.

ДОПЗАНЯТИЕ ПО ОГЭ
ЭТО БЛЮЗ ДЛЯ ТЕХ, КТО НЕ СДАЛ ОГЭ,
ЭТО БЛЮЗ ДЛЯ ТЕХ, КТО НЕ СДАЛ ОГЭ,
ЭТО ГРУСТНЫЙ БЛЮЗ ДЛЯ ТЕХ,
КТО НЕ СДАЛ ОГЭ
И ТЕПЕРЬ СТОИТ В ПОЛНОМ ПОЛНОМ ГЭ,
ОДИНОКИЙ, КАК АТОМ В ПУСТОТЕ,
КАК ВЕРБЛЮЖЬЯ КОЛЮЧКА НА ХВОСТЕ,
ПЕРЕШЕЛ ИЗ ДЕВЯТОГО В БЕСПРОСВЕТ.
ЭТО БЛЮЗ ДЛЯ ТЕХ, КОГО БОЛЬШЕ НЕТ.
НАС С ТОБОЙ ВЫЧЕРКНУЛИ ИЗ ЖУРНАЛА,
НАС ДИРЕКТОР НА ЛИНЕЙКЕ ПРОКЛИНАЛА,
НАШИ ЛИЦА
ВЫРВАНЫ ИЗ АЛЬБОМОВ.
МЫ НЕ СДАЛИ ОГЭ, МЫ ВНЕ ЗАКОНА.

ЭТА ЖИЗНЬ ОТСТОЙ, ЖИЗНЬ СПЛОШНОЙ БАРДАК...
МАМА, ГДЕ, КОГДА ВСЕ ПОШЛО НЕ ТАК?
МАМА, ПОЧЕМУ Я РОДИЛСЯ ДУРАКОМ?
МАМА, НЕ СДАВАЙ МЕНЯ В РОДДОМ!
ОТ МЕНЯ ОТКАЗАЛИСЬ ПОПУГАЙ И КОТ,
Я ПОХОЖ НА ДОМ, ГДЕ НИКТО НЕ ЖИВЕТ.
Я НЕ СДАЛ ОГЭ, И ЛУЧШЕ Б Я СДОХ...
МАМА-МАМА, ПОЧЕМУ Я ЛОХ?

ЭТО БЛЮЗ ДЛЯ ТЕХ, КТО
НЕ СДАЛ ОГЭ
ЭТО БЛЮЗ ДЛЯ ТЕХ, КТО
НЕ СДАЛ ОГЭ
ЭТО ГРУСТНЫЙ БЛЮЗ ДЛЯ ТЕХ, КТО
НЕ СДАЛ ОГЭ
И ТЕПЕРЬ ОКАЗАЛСЯ
В ПОЛНОМ ГЭ
Я НЕ СДАЛ ОГЭ,
И МНЕ МЕСТО В ОПГ
Я НЕ СДАЛ ОГЭ,
И МНЕ МЕСТО НА ГУБЕ
НЕ СДАЛА ОГЭ,
И МНЕ МЕСТО В КОЛЫМЕ

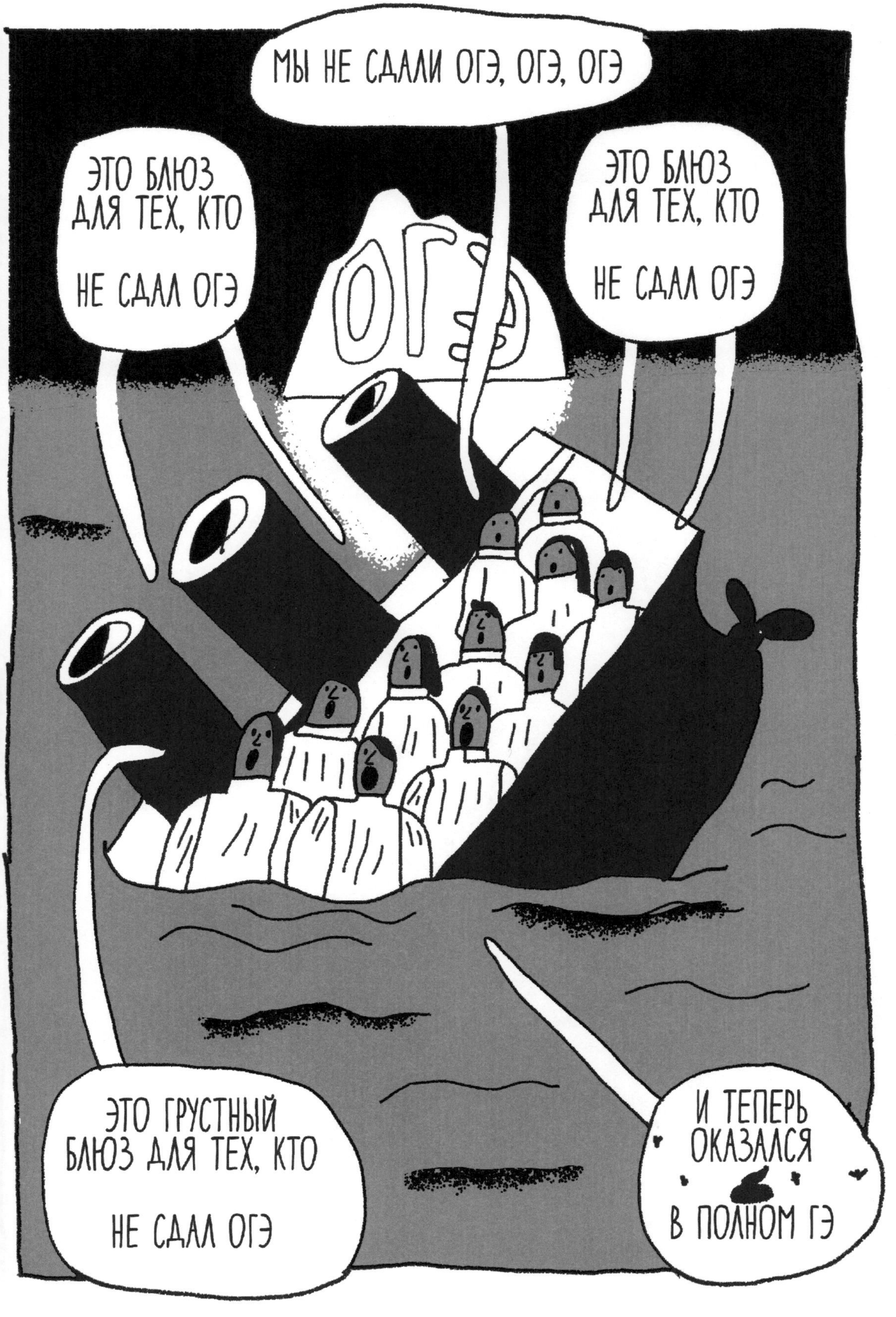
МЫ НЕ СДАЛИ ОГЭ, ОГЭ, ОГЭ
ЭТО БЛЮЗ ДЛЯ ТЕХ, КТО НЕ СДАЛ ОГЭ
ОГЭ
ЭТО БЛЮЗ ДЛЯ ТЕХ, КТО НЕ СДАЛ ОГЭ
ЭТО ГРУСТНЫЙ БЛЮЗ ДЛЯ ТЕХ, КТО НЕ СДАЛ ОГЭ
И ТЕПЕРЬ ОКАЗАЛСЯ В ПОЛНОМ ГЭ

1 июня

НА ЛУНЕ

ЧУВСТВУЮ СЕБЯ
КАК МИЛЛИОН
ЛУННЫХ ВЫХОДНЫХ.

НА ЛУНЕ НЕТ
ДНЕЙ НЕДЕЛИ,
В ШКОЛУ ИДТИ
НЕ НАДО,

ТАМ ВСЕ ВРЕМЯ
ВЫХОДНОЙ,
И В КАКУЮ СТОРОНУ
ТЫ НИ ПОШЕЛ,

ВСЕ ВРЕМЯ
ВО РТУ ПРИВКУС
БЕЛОГО МОЛОЧНОГО
ШОКОЛАДА.

НЕКОТОРЫЕ
ПУТАЮТ ЕГО
С СЫРОМ,

НО НЕТ,
ОН СОВСЕМ
НЕ СЫР,

ХОТЯ В НЕМ
ЕСТЬ ДЫРЫ,

КУДА ЖЕ
В ЭТОМ МИРЕ
БЕЗ ДЫР.

И Я ЗНАЮ, ЧЕМ ЗАЙМУСЬ НА ЛУНЕ,

Я СОСТАВИЛА СПИСОК, И ОН ПРИ МНЕ.

ПЕРВЫЙ
ИЗ ВЫХОДНЫХ
Я БУДУ ЛЕТАТЬ
НА ДРОЖЖЕВОЙ
РАКЕТЕ.

ВТОРЫЕ Я
ПОСВЯЩУ
РЕШЕНИЮ
ПРОБЛЕМЫ
ЙЕТИ.

С ТРЕТЬИХ
ПО ДВЕ ТЫСЯЧИ
ШЕСТЬДЕСЯТ ВОСЬМЫЕ
Я БУДУТ СМОТРЕТЬ
ВСЕ АНИМЕ,
КОТОРЫЕ
ПЕРЕВЕДЕНЫ
В РОССИИ.

ПОТОМ
БУДУ
СОЛНЦЕ
КАЧАТЬ
НА КАЧЕЛЯХ,

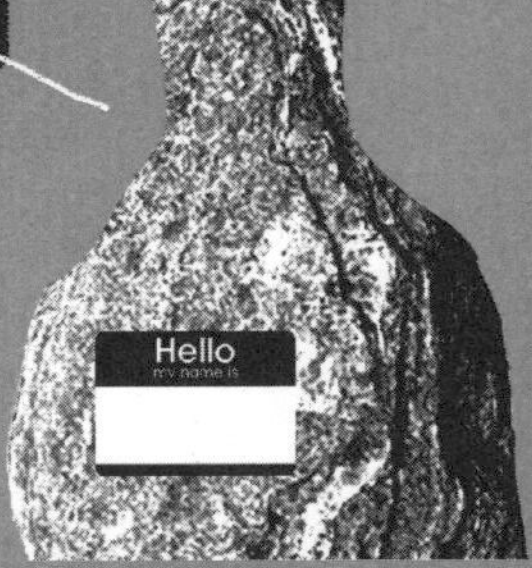

НАЗЫВАТЬ
ИМЕНАМИ
КАМНИ,

СЕЯТЬ
ТРАВУ,

РИСОВАТЬ
ТУШЬЮ
ПОРТРЕТ
СВОЕЙ
ТЕНИ,

НА ЛУНЕ Я НИКОГДА НЕ УМРУ.

ЗДЕСЬ ЗЕМНОЕ ВРЕМЯ РАЗЖАЛО КЛЫКИ,
Я СТОЮ, БАЛАНСИРУЯ НА КРАЕ КОЛОДЦА.
И КАК ГОВОРЯТ ЛУННЫЕ РЫБАКИ
САЖАЯ ЗВЕЗДУ НА КРЮЧОК, —
ГЛАВНОЕ, НЕ УКОЛОТЬСЯ.
И КОГДА, ГЛЯДЯ НА НЕБО, УВИДИШЬ БЛЕСК,
ПОНИМАЙ — ЭТО НЕ МЕТЕОР, А СВЕТ БЛЕСНЫ.

ЕСЛИ МОЖЕШЬ —
ДЕРЖИСЬ
И НЕ ПРОСИ ЧУДЕС,
НЕ ГАДАЙ,
НЕ ВПУСКАЙ ЛУНУ
В СВОИ СНЫ,
ИНАЧЕ БЫТЬ ТЕБЕ
ТАМ ЖЕ,
ГДЕ Я СЕЙЧАС СТОЮ
НА ДОСКЕ
НЕТВЕРДОЙ
СТОПОЙ,
ГЛЯДЯ
ВПЕРЕД,
ПОДЖИДАЯ
НАБЕГАЮЩУЮ
ПРИЗРАЧНУЮ
ВОЛНУ —
ВОТ ОНА ВСЕ БЛИЖЕ,
СЕЙЧАС ПОДХВАТИТ,
УЖЕ НЕСЕТ

ВДАЛЬ
ПО МОРЮ
СПОКОЙСТВИЯ,
НАД
ХОЛОДОМ
И ТИШИНОЙ
КРИКИ
ЛУННЫХ ЧАЕК
РАССЫПАЮТСЯ
И ЗВЕНЯТ.

А ВНИЗУ
СИНИЙ
ШАР ВРАЩАЕТ,
ВРАЩАЕТ СЕБЯ,

БУДТО ЕЛОЧНАЯ
ИГРУШКА
ИЗ ДЫМЧАТОГО
ХРУСТАЛЯ.

ББК 84(2Рос=Рус)-80
УДК 821.161.1-93
О53

Это вторая книга поэта Алексея Олейникова и художника Тимофея Яржомбека про самую обычную девочку Соню и ее внутренний мир. В первой книге Соня ходит в 7 класс, сейчас же Соня повзрослела и перешла в 9 класс, а вместе с ней «повзрослели» и проблемы, которые ее волнуют.

Литературно-художественное издание
для старшего школьного возраста

АЛЕКСЕЙ ОЛЕЙНИКОВ ТИМОФЕЙ ЯРЖОМБЕК

СОНЯ — 9

В соответствии с Федеральным законом № 436
от 29 декабря 2010 года маркируется знаком 16+

Редактор СЕРГЕЙ ПЕТРОВ
Технический редактор ЛЕОНИД ШИЛОВСКИЙ
Корректор ОЛЬГА ЛЕВИНА
Главный редактор КСЕНИЯ КОВАЛЕНКО
Генеральный директор ТАТЬЯНА КОРМЕР

ООО «Издательство Альбус корвус»
albuscorvus.ru, readers@albuscorvus.ru
Магазин: albuscorvus.shop

Подписано в печать 03.11.2020. Формат 70×100/16.
Бумага офсетная. Гарнитура Sonya Sans
Печать офсетная. Усл. печ. л. 7,77
Тираж 5000 экз. Заказ № 6342/20

Отпечатано в ООО «ИПК Парето-Принт»,
170546, Тверская обл., Пром. зона Боровлево-1,
комплекс № 3А, www.pareto-print.ru

ISBN 978-5-00114-231-7